JN441004

데일 카네기
영어 명문장 필사

데일 카네기 영어 명문장 필사

초판 1쇄 발행 2026년 3월 13일

지은이 오석태
발행인 강재영
발행처 애플씨드

기획·편집 이승욱
디자인 육일구디자인
마케팅 이인철
CTP출력/인쇄/제본 (주)성신미디어

출판사 등록일 2021년 8월 31일 제2022-000065호

이메일 appleseedbook@naver.com
블로그 https://blog.naver.com/appleseed__
페이스북 https://www.facebook.com/AppleSeedBook
인스타그램 https://www.instagram.com/appleseed_book/

ISBN 979-11-24121-08-5 03740

애플씨드에서는 '성장과 성공의 소중한 씨앗'이 될 수 있는 원고를 기다립니다.
appleseedbook@naver.com

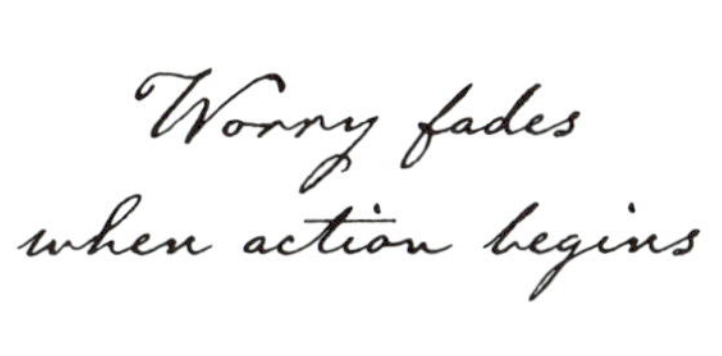

좋은 글을 따라 쓰며 영어 감각을 키운다

데일 카네기 영어 명문장 필사

오석태 지음

HOW TO STOP WORRYING
AND START LINING

애플씨드
APPLE SEED

머리말

『How to Stop Worrying and Start Living』은 카네기가 오십 대 후반에 집필한 책이다. 출간된 지 80년이 넘었지만 지금도 여전히 생생한 울림을 준다. 인간의 사고와 감정이 크게 바뀌지 않았기 때문이다. 그의 목소리는 마치 어제 발표된 책처럼 현대의 독자에게도 또렷하게 다가온다.

그의 글에서 95개의 단락을 선별했다. 이 단락들은 책의 핵심이자, 그의 사유가 가장 선명하게 드러나는 부분들이다.

카네기의 글은 실용적이면서도 철학적이다. 실용성은 이해를 돕고, 철학성은 메시지에 깊이를 더한다.

대부분의 영어 필사책이 단어 뜻 몇 개를 적어놓는 데 그치지만, 필사는 정확한 이해 위에서 이루어져야 한다. 그래서 이 책에는 필사 전에 반드시 짚어야 할 어휘와 문법 설명을 함께 담았다. 이러한 이해가 뒷받침될 때 비로소 카네기의 문장이 온전히 마음에 스며들 수 있기 때문이다.

필사를 마음의 위안을 얻기 위한 행위로 여기는 경우가 많다. 그러나 영어 필사는 다르다. 마음의 위안을 넘어서 학습 효과를 누릴 수 있어야 된다. 눈으로 읽고, 소리 내어 말하고, 그 소리를 스스로 듣고, 손으로 다시 쓰는 일(필사), 이 네 가지 기능이 함께 작동할 때 학습 효과는 비로소 극대화된다.

이 책을 통해 카네기의 명문장을 필사하고 음미하면서 영어를 공부하고 싶다면 무엇보다 완독이 중요하다. 처음부터 끝까지 읽고, 듣고, 쓰는 과정을 끊김 없이 이어간다면 이 책이 지닌 힘을 깊이 경험할 수 있을 것이다.

부디 완독을 통해 이 책이 전하고자 하는 진정한 가치를 얻으시길 바란다.

2026년 2월 오석태

차례

Part 5 Thoughts on Peace of Mind and Mental Attitude

Part 6 Thoughts on Resentment and Emotional Waste

Part 7 Thoughts on Gratitude and What We Have

Part 8 Thoughts on Being Yourself and Inner Assurance

Part 9 Thoughts on Criticism and Other People

Part 10 Thoughts on Effort, Learning, and Self-Examination

Part 11 Thoughts on Fatigue and Rest

Part 12 Thoughts on Habits and Daily Order

Part 13 Thoughts on Work and Enjoyment

Part 14 Thoughts on Sleep and Physical Limits

Part 15 Thoughts on Life Choices and Misguided Beliefs

Part 16 Thoughts on Money, Security, and Self-Care

Part 1

Thoughts on Worry and the Present Day

Concentrate on doing today's work.

The best possible way to prepare for tomorrow is to concentrate with all your intelligence, all your enthusiasm, on doing today's work superbly today. That is the only possible way you can prepare for the future.

▌ *prepare for ~을 준비하다 *concentrate 집중하다 *enthusiasm 열정 *superbly 훌륭하게, 탁월하게

오늘의 일에 집중하라.

내일을 준비하기 위해 생각할 수 있는 가장 최선의 방법은 오늘의 일을 바로 오늘 훌륭하게 해내기 위해 지성과 열정을 모두 쏟아부어 집중하는 것이다. 그것만이 당신이 미래를 준비할 수 있는 유일한 길이다.

Word Focus

| enthusiasm의 정확한 의미 |

- 어원적으로는 en-(=in)+theos(=God)에서 유래하여 '신의 힘이 내면에 깃든 상태', 즉 '신적인 감응으로부터 비롯된 활력과 영감'을 뜻했다.
- 이후 의미가 확장되어 '내면에서 자연스럽게 솟아오르는 강한 열의와 적극적인 열정'의 뜻으로 쓰이게 되었다.

01

소리 내어 읽고 마음으로 느끼며 적어보세요.

Grammar Sense

| the best와 best의 차이 |

- the best는 비교 대상이 이미 정해져 있을 때 그중 '단연 최고'임을 가리킨다.
- 이때 best는 정관사 the와 결합한 '형용사의 최상급'이다.
- the 없이 best만 쓰이면 '가장 잘', '최선으로'를 의미하는 부사적 용법이 된다.
- 다만 best는 관용적으로 정관사 없이 형용사로 쓰이기도 한다.
- 본문에서는 possible이 붙으면서 '생각할 수 있는 모든 방법 전체'를 의미하게 되고, 이 전체 집합에서 단 하나의 최상을 가리키기 때문에 정관사 the가 필수로 쓰인다.

Don't fret about yesterday's problem.

"If a ship has been sunk," Admiral King went on, "I can't bring it up. If it is going to be sunk, I can't stop it. I can use my time much better working on tomorrow's problem than by fretting about yesterday's. Besides, if I let those things get me, I wouldn't last long."

*work on problem 문제를 해결하다 *fret about ~에 조바심내다, ~로 인해 초조해 해다
*get me 나를 괴롭히다 *last long 오랫동안 버티다

어제의 문제에 속 태우지 말라.

"배가 이미 침몰했다면," 킹 제독은 말을 이었다. "나는 그 배를 다시 건져 올릴 수 없다. 앞으로 침몰할 배라면, 그것을 막을 수도 없다. 어제의 일에 속을 태우느니, 내일의 문제를 해결하는 데 시간을 쓰는 편이 훨씬 낫다. 게다가 그런 일들에 마음을 빼앗기고 괴로워하면, 나는 오래 버티지 못할 것이다."

Word Focus

| get의 정확한 의미 |

- '심리적으로나 정서적으로 영향을 받아 흔들리게 하다', '괴롭히다'라는 의미로 쓰이고 있다.
- 따라서 본문에 쓰인 I let those things get me를 직역하면 "그런 일들이 나를 괴롭히게 놔두다."이며, 자연스러운 해석은 "그런 일들 때문에 괜히 마음 고생하다."가 된다.

02

소리 내어 읽고 마음으로 느끼며 적어보세요.

Grammar Sense

| problems와 problem의 차이 |

- problems를 쓰면 '내일 처리해야 할 여러가지 문제들'이 되어서 구체적인 설명이 된다. 따라서 problems를 써도 전혀 문제될 것이 없는 문장이다.
- 그러나 본문에서는 단수형인 problem을 사용함으로써 총체적 개념을 도입하고 있다. '내일이라는 하루가 던져줄 과제'인 것이다.
- problems가 실용적이고 구체적인 느낌을 준다면 problem은 철학적, 또는 문학적 느낌을 던져준다.
- 본문에서 킹 제독이 던지는 말은 실용적인 느낌보다는 철학적인 메시지가 강해서 problem이 더 적절한 어휘 선택이다.

Every day is a new life to a wise man.

One day I read an article that lifted me out of my despondence and gave me the courage to go on living. I shall never cease to be grateful for one inspiring sentence in that article. It said: "Every day is a new life to a wise man."

*article 기사 *lift 들어올리다 *despondence 깊은 낙담 *be grateful for ~에 대해 감사하다
*inspiring 감동을 주는

현명한 사람에게는 매일이 새로운 삶이다.

어느 날 나는 한 기사를 읽었다. 그 기사가 나를 절망에서 건져내어 계속 살아갈 용기를 주었다. 그 기사 속 감동적인 한 문장에 나는 영원히 감사할 것이다. 그 문장은 이렇게 적혀 있었다. "현명한 사람에게는 매일이 새로운 삶이다."

Word Focus

| cease의 정확한 의미 |

- 어원적으로 to stop, to delay에서 비롯되어 '멈추다', '중단하다'를 의미한다.
- 그러나 stop과는 근본적 의미에서 뚜렷한 차이를 보인다.
- stop은 순간적인 동작의 멈춤, 즉 '언제든 다시 시작할 수 있는 일시적 정지'의 느낌을 지닌다.
- 그러나 cease는 '계속되어 오던 행위나 상태가 최종적으로 멈춰서 다시 이어지지 않는 완전한 종료'를 뜻한다.
- stop은 일상적 대화에서 흔히 사용되지만, cease는 보다 격식을 갖춘 글, 문서, 문학적 문맥에서 사용되며 단호하고 큰 울림이 있는 동사이다.

03

소리 내어 읽고 마음으로 느끼며 적어보세요.

Grammar Sense

| 시제의 일치 |

I read an article that lifted me out of my despondence and gave me the courage to go on living.

- 영어로 글을 쓰거나 말할 때, 가장 실수하기 쉬운 문법들 중 하나가 바로 '시제의 일치'이다.
- 이 문장 전체를 이끄는 동사 read는 과거시제로 쓰이고 있다.
- read의 목적어인 article을 수식하는 형용사절 속 동사들(lift, give)도 이에 맞추어 과거시제 lifted, gave로 변화한다.
- 이처럼 주절의 시제에 맞추어 종속절의 시제를 조정하는 것이 바로 시제의 일치이다.

Roses are blooming outside our windows today.

One of the most tragic things I know about human nature is that all of us tend to put off living. We are all dreaming of some magical rose garden over the horizon—instead of enjoying the roses that are blooming outside our windows today.

*human nature 인간의 본성 *put off living 삶을 미루다 *rose garden 이상향, 밝은 미래
*bloom 꽃이 피다, 만개하다 *blooming roses 현재 눈앞에 있는 행복

오늘, 창밖에는 장미가 활짝 피고 있다.

내가 아는 인간 본성 가운데 가장 비극적인 것은 오늘의 삶을 계속 뒤로 미루는 경향이 있다는 것이다. 우리가 지금 꿈꾸는 것은 지평선 너머 어딘가에 있을 것 같은 마법 같은 장미 정원이다. 그러면서 정작 오늘 창밖에서 활짝 피어나고 있는 장미는 마음껏 즐기지도 못한다.

Word Focus

| dream과 dream of의 의미 차이 |

-dream은 '실제로 수면 중에 무슨 꿈을 꾸다'의 의미이다.
-dream of는 '이상이나 희망 등의 꿈을 꾸다'의 뜻으로 사용된다.

04

소리 내어 읽고 마음으로 느끼며 적어보세요.

Grammar Sense

| 은유법(metaphor): 비유적 표현 |

1. rose garden over the horizon
- rose는 '장미'이지만 은유적으로는 사랑, 열정, 젊음, 희망을 상징한다.
- rose garden over the horizon은 '지평선 너머의 장미 정원'을 뜻하며, 아직 도달하지 못한 미래의 환상이나 불확실한 행복, 그리고 이상향에 대한 동경을 상징한다.

2. blooming roses
- 직역하면 '활짝 피어나는 장미'이다.
- 은유적으로는 현재의 행복, 지금 이 순간의 가치, 그리고 눈앞에 있으면서도 자주 간과되는 삶의 아름다움을 뜻한다.

Life is too short to be little.

"Life is too short to be little." Those words have helped me through many a painful experience: often we allow ourselves to be upset by small things we should despise and forget.

*be little 사소하다, 하찮다, 작은 일에 집착하다, 속 좁게 행동하다 *help me through 누군가 ~을 이겨내도록 도움을 주다 *many a painful experience 많은 고통스러운 경험들 *small things 작은 일들, 사소한 일들 *despise 경멸하다, 업신여기다

인생은 너무 짧아서 사소한 일에 얽매어 살 수 없다.

"인생은 너무 짧아서 우리가 사소한 것에 얽매이며 속 좁게 살 수는 없다." 이 말은 내가 많은 고통스러운 일들을 경험하며 버텨낼 때마다 큰 도움이 되었다. 우리는 종종 경멸하고 잊어버려야 마땅한 사소한 일들로 인해서 마음 상하고 힘들어한다.

Word Focus

| despise의 정확한 의미 |

- 어원은 de-(=down)+-spise(= look) 즉, '아래로 내려다보다'의 뜻을 가진다.
- 이 의미에서 발전하여 '깔보다', '업신여기다', '경멸하다'의 뜻으로 확장되었다. 즉, 상대방을 자신보다 낮게 여기며 경멸의 눈으로 바라본다는 의미이다.

05

소리 내어 읽고 마음으로 느끼며 적어보세요.

Grammar Sense

| too ~ to... 용법의 이해 |

Life is too short to be little.

- 일반적으로 be little은 '하찮다', '사소하다'의 의미를 가진다. 그러나 본문에서는 문맥적 의역이 필요하다.
- 이 문장의 주어는 Life이므로, 처음 보면 "인생이 너무 짧아서 하찮을 수는 없다."로 해석하기 쉽다. 하지만 이렇게 해석하면 "인생이 스스로 하찮을 수 없다."가 되어 의미가 모순된다.
- 이 문장은 사실상 for us가 생략된 형태로 이해해야 한다. 즉, Life is too short for us to be little.이며 be little의 주체가 Life가 아니라 us '우리'로 바뀌는 것이다.
- 따라서 이 문장을 직역하면 "인생은 너무 짧아서 우리가 하찮을 수는 없다."가 되고, 의역하면 "인생은 너무 짧으니, 우리가 작고 하찮은 일들에 집착하며 살 수는 없다."가 된다.

Don't worry about the future.

When I am up against a tough situation, if I can do anything about it, I do it. If I can't, I just forget it. I never worry about the future, because I know no man living can possibly figure out what is going to happen in the future. There are so many forces that will affect that future! Nobody can tell what prompts those forces—or understand them. So why worry about them?

*be up against ~에 맞닥뜨리다, ~에 직면하다 *force 요인, 힘 *affect 영향을 주다
*tell 구별하다, 알아차리다, 판단하다 *prompt 유발하다, 자극하다

미래를 걱정하지 말라.

나는 어려운 상황에 부딪히면, 내가 할 수 있는 일이 있다면 무엇이든 다 한다. 그러나 어쩔 수 없는 일이라면, 그냥 잊어버린다. 나는 결코 미래를 걱정하지 않는다. 왜냐하면 살아 있는 어떤 사람도 미래에 무슨 일이 일어날지 정확히 예측할 수 없기 때문이다. 미래에 영향을 줄 수 있는 수많은 변수들이 있다. 그 누구도 무엇이 그런 요인들을 유발하는지 알아낼 수 없으며 또한 이해할 수도 없다. 그렇다면, 그런 것들을 왜 걱정해야 하는가?

Word Focus

| figure out의 정확한 의미 |

- figure는 어원적으로 '형태를 만들다', '형상화하다'의 의미를 가진다. 여기에서 발전하여 '계산하다', '판단하다'의 의미를 갖게 되었다.
- out은 부사로서 '완전히', '끝까지'의 의미를 지닌다.
- 따라서 figure out은 '끝까지 판단하다', '총계를 내다', '알아내다', '이해하다', '해결하다'의 의미로 쓰인다.

06

소리 내어 읽고 마음으로 느끼며 적어보세요.

Grammar Sense

| be going to와 will의 의미 차이 |

- be going to는 이미 계획된 일이거나 눈앞의 징조로 확실히 예상되는 일을 말할 때 사용한다. 따라서 본문의 what's going to happen in the future는 '앞으로 어떤 일이 일어나게 되어 있는지' 즉, 이미 여러 힘들이 작용하고 있어 피할 수 없이 전개될 미래의 일로 이해해야 한다.
- will은 이미 정해진 계획을 말할 때가 아닌, 말하는 순간의 결심이나 근거 없는 예측, 혹은 일반적이고 객관적인 사실을 말할 때 사용된다. 따라서 will이 나타내는 미래는, 아직 구체적으로 확정되지 않은, 심리적으로나 논리적으로 먼 미래를 가리키며, 이는 확정된 미래가 아니기 때문에 상황에 따라 언제든 변경될 수 있다. 본문의 forces that will affect the future 에서의 will은 미래에 실제 영향을 줄 객관적 요인들을 말하되, 그 구체적 작용은 아직 드러나지 않은 그저 가능성 있는 미래의 요인들을 의미한다.

Part 2

Thoughts on Unnecessary Fear

Good Thinking and Bad Thinking

Whether in war or peace, the chief difference between good thinking and bad thinking is this: good thinking deals with causes and effects and leads to logical, constructive planning; bad thinking frequently leads to tension and nervous breakdowns.

*deal with ~을 다루다, 분석하다, 감당하다 *cause and effect 원인과 결과 *lead to ~에 이르다
*constructive 건설적인, 생산적인 *nervous breakdown 신경쇠약

좋은 생각과 나쁜 생각

전쟁 중이든 평화로울 때든, 좋은 생각과 나쁜 생각의 가장 큰 차이는 이렇다.

좋은 생각은 원인과 결과를 분석해 논리적이고 생산적인 계획으로 이어진다. 반대로 나쁜 생각은 흔히 쓸데없는 걱정과 스트레스, 그리고 신경쇠약으로 이어진다.

Word Focus

| tension의 정확한 의미 |

- 어원은 tend-(=to stretch, to extend)+sion(명사형 어미)로, '팽팽하게 당겨진 상태'를 뜻한다.
- 여기에서 의미가 확장되어 '정서적 긴장', '육체적 긴장', '압박감', 그리고 사람이나 집단, 또는 국가 간의 '갈등'까지 포괄한다.

07

소리 내어 읽고 마음으로 느끼며 적어보세요.

Grammar Sense

| 콜론(:)에 대하여 |

- 앞에서 한 말을 뒤에서 구체적으로 설명하기 위한 장치이다.
- 뒤에 문장이 올 수도 있고 단일 어휘, 또는 어휘의 나열이 올 수도 있다.
- 말할 때는 표정, 어투, 말의 강약 조절 등으로 문장의 의미에 다양한 색깔을 입힐 수 있다. 하지만 평범한 글로는 말이 주는 그런 효과들을 발생시킬 수 없기 때문에 다양한 장치들을 동원한다. 그 중 하나가 콜론이다.
- 콜론은 독자의 기대감, 그리고 집중을 몰아오는 역할을 한다.
- 콜론을 이용하면 문장이 짧아지면서 의미가 강하게 전달된다.
- I have one wish, which is your happiness. 내게 한 가지 소망이 있다. 그것은 너의 행복이다.
- I have one wish: your happiness. 내 한가지 소망은, 너의 행복이다.

Victims of brooding fixation.

Millions of people have wrecked their lives in angry turmoil, because they refused to accept the worst; refused to try to improve upon it; refused to salvage what they could from the wreck. Instead of trying to reconstruct their fortunes, they engaged in a bitter and "violent contest with experience" and ended up victims of that brooding fixation known as melancholia.

*turmoil 극심한 혼란 *salvage 구조하다 *bitter 쓰라린 *end up 결국 ~이 되다 *brood 곱씹다 *fixation 집착, 고착

끝없이 되새김질하는 고착의 희생자

수많은 사람들이 분노로 들끓는 혼란 속에서 스스로의 삶을 무너뜨렸다. 그들은 최악의 현실을 받아들이기를 거부했고, 그 속에서 개선의 실마리를 찾으려 하지 않았으며, 폐허가 된 삶 속에서도 남은 희망의 조각 하나조차 건지려 하지 않았다. 삶을 다시 세우려는 노력 대신, 그들은 현실을 부정하며 쓰라리고 격렬한 내면의 싸움을 벌였고 결국 우울증이라 불리는, 끝없이 되새김질하는 고착의 희생자가 되고 말았다.

Word Focus

| wreck의 정확한 의미 |

- 어원적으로는 '쫓아내다', '몰아내다', '난파시키다'의 의미를 갖는다.
- 복구가 불가능한 수준의 붕괴를 뜻하며, 물리적이든 정신적이든 형체와 기능을 모두 잃은 상태를 가리킨다.
- 동사로 쓰일 때는 '파괴하다', '망가뜨리다'의 의미를 가지며, 명사로 쓰일 때는 '파괴', '폐허', '무너진 상태'를 의미한다.

08

소리 내어 읽고 마음으로 느끼며 적어보세요.

Grammar Sense

| 최상급 the worst의 생성과 의미 |

- 형용사 bad의 비교급은 worse, 최상급은 the worst이다.
- 의미는 각각 '나쁜', '더 나쁜', '가장 나쁜'으로 변화하지만, the worst는 명사로도 쓰인다.
- the worst가 명사로 쓰일 때는 '최악의 상황'이나 '가장 나쁜 것'을 의미한다.
- 따라서 본문의 accept the worst는 '최악의 상황이나 현실을 받아들이다'로 해석한다.

What causes insanity?

What causes insanity? No one knows all the answers. But it is highly probable that in many cases fear and worry are contributing factors. The anxious and harassed individual who is unable to cope with the harsh world of reality breaks off all contact with his environment and retreats into a private dream world of his own making.

*probable 그럴듯한, 가능성이 높은 *anxious 불안한, 초조한 *harassed 스트레스에 시달리는
*cope with ~을 대처하다 *harsh 가혹한 *break off 단절하다 *retreat into ~로 도망치다, 물러나다

정신 이상의 원인은 무엇일까?

정신 이상을 일으키는 원인이 무엇일까? 그 모든 해답을 아는 사람은 없다. 그러나 많은 경우, 두려움과 걱정이 요인일 가능성이 매우 높다. 현실 세계의 냉혹함에 제대로 맞설 수 없고 불안과 압박에 시달리는 개인은 자신을 둘러싼 환경과의 모든 연결을 끊어버리고, 결국 스스로 만들어 낸 사적인 환상의 세계로 도피한다.

Word Focus

| contributing의 정확한 의미 |

- 어원적으로 con-(=together)+tribute(=to give)+-ing(현재분사형)에서 유래하며, 기본적으로 '함께 어떤 결과를 향해 무언가를 주는'이라는 의미로, '여러 요인 가운데 하나로 작용하는'을 뜻한다.
- 따라서 본문의 문맥에서는 '일부 영향을 미치는', '기여하는' 정도의 의미로 해석한다.

09

소리 내어 읽고 마음으로 느끼며 적어보세요.

Grammar Sense

| 형용사와 분사형 형용사의 차이 |

- 형용사(probable, anxious, private)는 본디 고유한 성질이나 특성을 나타낸다. 능동, 수동의 개념이 없고, 어떤 변화의 결과가 아니라 '본래부터 갖는 성격'을 표현한다.
- 현재분사형 형용사(contributing)는 동사의 현재분사에서 온 것으로 능동적인 성질이나 어떤 영향을 일으키는 힘을 나타낸다.
- 과거분사형 형용사(harassed)는 동사의 과거분사가 형용사로 쓰인 것으로 수동적 영향을 받아 결과로 나타난 상태를 표현한다.

The Secret of Human Mind

Research men rarely have nervous breakdowns. They have no time for such luxuries. Why does such a simple thing for keeping busy help to drive out anxiety? Because of a law—one of the most fundamental laws ever revealed by psychology. The law states that no human mind, regardless of its brilliance, can truly focus on more than one thing at a time.

*rarely 거의 ~하지 않는 *nervous breakdown 신경쇠약 *drive out 몰아내다 *anxiety 불안, 긴장 *reveal 밝히다 *regardless of ~에도 불구하고

인간의 생각의 비밀

연구자들은 신경쇠약에 걸리는 일이 거의 없다. 그들은 그런 사치를 누릴 시간이 없다. 그렇다면 계속 바쁘게 지낸다는 그 간단하고 단순한 행위가 왜 불안을 몰아내는 데 도움이 되는 걸까? 그 이유는 하나의 법칙 때문이다. 심리학이 밝혀낸 가장 근본적인 법칙들 중 하나다. 그 법칙은 이렇게 말한다. 아무리 뛰어난 사람일지라도, 인간의 생각은 한 번에 오직 한 가지 일에만 진정으로 집중할 수 있다는 것이다.

Word Focus

| fundamental의 정확한 의미 |

- 어원적으로는 '기초(foundation)', '토대(base)'의 의미를 가진다.
- 사물이나 개념의 전체 구조를 떠받치는 뿌리나 근간을 가리킨다.
- 따라서 '근본적인', '필수적인', '본질적인'의 뜻으로 쓰인다.
- 본문에서는 fundamental laws 즉, '심리학의 근본적인 법칙들', 다시 말해서 모든 심리 현상의 바탕이 되는 기본 원리를 의미한다.

10

소리 내어 읽고 마음으로 느끼며 적어보세요.

Grammar Sense

| They have no time과 They don't have time의 차이 |

-have no time은 명사 time을 직접 부정하는 구조이다.
-don't have time은 동사 have를 부정하는 구조이다.
-have no time은 '시간 자체가 전혀 없다', '여유가 전혀 없다'는 의미로, 문어체에서 단호한 강조의 어감을 전달한다.
-don't have time은 '지금은 시간이 없다'는 의미로, 구어체에서 현재 상태를 설명할 때 주로 사용된다.

Don't let the blue devils of worry attack us.

Most of us have little trouble "losing ourselves in action" while we have our noses to the grindstone and are doing our day's work. But the hours after work—they are the dangerous ones. Just when we're free to enjoy our own leisure, and ought to be happiest—that's when the blue devils of worry attack us.

*have little trouble ~ing ~하는데 거의 어려움이 없다 *lose oneself in action 일에 몰두하다 *be free to 자유롭게 마음껏 ~을 하다 *blue devils of worry 걱정이라는 푸른 악마들 (blue는 '걱정'과 '우울'의 상징)

걱정에 휘둘리지 말라.

우리는 대부분 하루 일을 하며 자신을 잊을 만큼 몰두한다. 그렇게 우리는 쉬지 않고 열심히, 주어진 일과를 해낸다. 그러나 퇴근 후의 시간, 바로 그 때가 우리에겐 위험한 순간이다. 이제 마음껏 자유로운 시간을 즐기고 당연히 가장 행복해야 할 바로 그때, 걱정이라는 푸른 악마들이 우리를 덮친다.

Word Focus

| have one's nose to the grindstone의 정확한 의미 |

- grindstone은 칼이나 도구를 갈 때 쓰는 회전 숫돌을 뜻한다.
- 이 표현을 직역하면 '코를 회전 숫돌 가까이에 대고 칼을 갈다'가 된다. 즉, 온 정신을 집중하여 쉼 없이 작업하는 모습을 연상시킨다.
- 여기에서 파생되어 '한눈팔지 않고 꾸준히, 쉬지 않고 열심히 일하다'라는 의미로 쓰인다.

11

소리 내어 읽고 마음으로 느끼며 적어보세요.

Grammar Sense

| 조동사 ought와 should의 차이 (when we ought to be happiest) |

- ought는 조동사 중 유일하게 to와 함께 쓰여 ought to의 형태로 사용된다. 의미면에서 should와 자주 비교되는데, 둘 다 '~해야 하다'로 해석되기 때문이다.
- should는 '강한 권유'와 '기대감'을 동반한다. 즉, '이 상황에서 너는 그렇게 하는 게 좋고, 나는 네가 그렇게 하기를 기대한다'는 느낌이다.
- ought는 '논리적이거나 도덕적인 당위성'을 강조한다. 즉, '이치로 보나 도리로 보나 그렇게 해야 마땅하다'는 뜻이다.
- ought는 일상 대화보다는 글이나 격식 있는 문체에서 더 자주 쓰이며, 이 경우 그 문장은 문어체의 단정함과 품위를 갖추게 된다.

Our life is what our thoughts make it.

I now know with a conviction beyond all doubt that the biggest problem you and I have to deal with is choosing the right thoughts. If we can do that, we will be on the high road to solving all our problems. The great philosopher who ruled the Roman Empire, Marcus Aurelius, summed it up in eight words—eight words that can determine your destiny: "Our life is what our thoughts make it."

*conviction 확신, 신념 *beyond all doubt 의심의 여지없이 *high road 성공으로 가는 길
*rule 지배하다 *sum up 요약하다

우리 인생은 우리 생각이 만드는 것이다.

나는 이제 의심의 여지없는 확신을 갖게 되었다. 우리가 인생에서 다루어야 할 가장 큰 문제는 올바른 생각을 선택하는 일이다. 그것만 해낼 수 있다면, 우리는 모든 문제의 해답으로 이어지는 탄탄대로 위에 서게 될 것이다. 로마 제국을 통치했던 위대한 철학자 마르쿠스 아우렐리우스는 이 진리를 여덟 단어로 요약했다. 그 여덟 단어는 우리의 운명을 바꿔놓을 수도 있다. "우리의 삶은 우리의 생각이 만드는 것이다."

Word Focus

| determine의 정확한 의미 |

- 어원적으로는 de-(=completely, thoroughly)+termine(=boundary, limit)에서 유래하여, 본래의 의미는 '범위를 명확히 정하다'이다.
- 이 의미가 확장되어 지금은 '결과를 확정하다', '단호히 결심하다'의 뜻으로 쓰인다.

12

소리 내어 읽고 마음으로 느끼며 적어보세요.

Grammar Sense

| 전치사로 쓰이는 to와 to 부정사의 비교 |

- 전치사 to는 명사나 대명사 앞에 위치한다. 다시 말해, 전치사 뒤에는 반드시 명사가 와야 한다. 따라서 동사를 사용하고 싶을 때는 동명사 형태를 써야 한다.
- 전치사 to는 주로 '방향', '목표 도달점', '소속' 등을 나타낸다. 본문의 on the high road to solving all our problems에 쓰인 전치사 to는 문제 해결로 향하는 방향과 그 목표 지점을 동시에 뜻한다. 즉, '모든 문제를 해결하는 길로 이어지는'이라는 의미이다.
- to부정사 뒤에는 동사원형이 오며 문장 속에서 행위나 목적, 또는 의도를 나타낸다. 그래서 흔히 '~하기 위해서'로 해석된다.

Part 3

Thoughts on Facing Problems with Clarity

Handle your problem without worrying.

I was stunned by my failure. It was almost as if someone had struck me a blow on the head. My stomach, my insides, began to twist and turn. For a while I was so worried I couldn't sleep. Finally, common sense reminded me that worry wasn't getting me anywhere; so I figured out a way to handle my problem without worrying. It worked superbly.

*strike a blow 강하게 한 대 치다 *insides 내장 *twist and turn 뒤틀리다 *common sense 상식, 이성
*not getting me anywhere 아무 성과도 내지 못하다 *figure out 해결책을 찾아내다

걱정 없이 문제를 처리하라.

나는 실패에 큰 충격을 받았다. 마치 누군가가 내 머리를 세게 한 대 치기라도 한 것 같았다. 속이 뒤틀리고 장기가 꼬이는 듯 아파왔다. 한동안 걱정이 너무 심해 잠도 제대로 못 잤다. 그러다 결국, 걱정한다고 해서 아무것도 달라지지 않는다는 사실을 자각하게 되었다. 그래서 나는 걱정하지 않으면서도 문제를 처리할 방법을 생각해 냈다. 그 방법은 놀랄 만큼 효과가 있었다.

Word Focus

| stunned의 정확한 의미 |

- 어원적으로는 '강한 충격을 주어 기절시키다'라는 뜻에서 비롯되었다.
- 물리적으로 타격을 받아 정신이 멍해진 상태에서 심리적, 정신적 충격으로 멍해진 상태까지 의미가 확장되었다.
- 따라서 '충격으로 멍해진', '얼이 빠진', '정신이 아득해진'의 의미로 쓰인다.

13

소리 내어 읽고 마음으로 느끼며 적어보세요.

Grammar Sense

| stunned와 stunning의 차이 |

- stunned는 외부의 충격으로 인해 사람의 의식이 잠시 멈춘 상태를 나타낸다. 즉, 수동적 느낌이다.
- stunning은 사람이나 사물, 또는 어떤 광경이 '숨이 멎을 만큼 아름다운', '압도적으로 멋진'이라는 의미를 가진다. 대상이 능동적으로 사람의 시선을 사로잡는다는 느낌이다.
- 두 단어 모두 동사 stun에서 파생된 형태이며, stunned는 과거분사, stunning은 현재분사이다.

We don't want the labor of thinking.

There is no expedient to which a man will not resort to avoid the labor of thinking—if we bother with facts at all, we hunt after the facts that bolster up what we already think—and ignore all the others! We want only the facts that justify our acts—the facts that fit in conveniently with our wishful thinking and justify our preconceived prejudices!

*the labor of thinking 진리를 찾아내기 위한 힘든 사고의 노력 *expedient 편법 *resort to ~에 의지하다 *bother with ~에 신경 쓰다 *fact 현실에서 일어난 객관적 사실이나 진실 *bolster up 지지하다, 받쳐 주다 *fit in 들어맞다

우리는 생각하려 들지 않는다.

사람은 생각의 수고를 피하기 위해서라면 어떤 편법이든 동원한다. 설령 우리가 실제의 사실에 애써 마음을 기울인다 해도, 우리는 여전히 자기 믿음을 떠받칠 근거만 뒤쫓는다. 그리고 나머지는 모조리 무시한다. 우리는 오직 자기 행동을 정당화해 주는 사실만 원한다. 희망적 사고에 편리하게 맞춰지고, 미리 품고 있던 편견을 정당화해 주는 그런 사실들만 말이다.

Word Focus

| bother의 정확한 의미 |

- 어원적으로는 '소란스럽게 하다', '귀찮게 하다'의 의미를 가진다.
- 여기에서 의미가 확장되어, '귀찮은 일을 굳이 하다', '불편을 감수하다'의 뜻으로도 쓰이게 되었다.
- 본문에서는 '사실을 찾기 위해 마음의 불편함을 감수하고 일부러 신경을 쓰다'의 의미로 쓰이고 있다.

14

소리 내어 읽고 마음으로 느끼며 적어보세요.

Grammar Sense

| There is no expedient to which a man will not resort to avoid의 형태 |

- to which의 to는 동사 resort에 걸리는 전치사이다.
- resort to avoid의 to는 resort와 무관하게, 동사 avoid 앞에 쓰인 to부정사이다.
- expedient to which a man will not resort는 '사람이 의지하지 않는 편법'의 의미이며 to avoid는 '피하기 위해서'의 뜻이다.

A problem well stated is a problem half-solved.

I have found from costly experience that it is much easier to analyze the facts after writing them down. In fact, merely writing the facts on a piece of paper and stating our problem clearly goes a long way toward helping us to reach a sensible decision. Charles Kettering puts it: "A problem well stated is a problem half-solved."

*costly 값비싼 *state 생각을 명확히 진술하다 *go a long way toward ~에 큰 도움이 되다 *Charles Kettering 제너럴 모터스 연구소의 설립자 *put it 말하다, 표현하다 *well stated 명확이 진술된, 잘 정의된

명확히 진술된 문제는 이미 절반은 해결된 것이다.

나는 값비싼 경험을 통해 이런 사실을 깨달았다. 상황을 글로 정리해보면 훨씬 명확하게 분석할 수 있다. 실제로, 그저 머릿속의 생각과 현실적인 조건들을 종이에 써보고 그걸 통해 문제의 핵심을 정확히 간파하는 것만으로도 합리적이고 이성적인 결정을 내리는 데 큰 도움이 된다. 찰스 케터링의 말처럼, "문제를 명확히 진술하는 것은 이미 그 문제를 절반은 해결한 것이나 다름없다."

Word Focus

| state의 정확한 의미 |

- 단순히 '말하다'가 아니라 '생각이나 사실, 의견, 또는 입장을 공식적으로 표현하거나 진술하다'의 의미이다.
- 따라서 '말로 진술하다'와 '글로 진술하다'가 모두 포함된다.
- 핵심은 '명료성'과 '공식성'으로, 감정적이거나 즉흥적인 말이 아니라 의식적으로 정리된 표현을 나타낸다.

15

소리 내어 읽고 마음으로 느끼며 적어보세요.

Grammar Sense

| 두 개의 동명사 이후에 단수 동사 goes를 사용한 이유 |

writing the facts and stating our problem

- 동명사는 보편적이고 일반적이며, 특히 과거부터 이미 진행되어 온 습관적 행동을 강조한다.
- 동명사가 주어로 사용된 두 개의 문장이라면 흔히 복수의 개념으로 봐서 동사의 형태는 go가 되어야 하는데, 본문의 경우는 두 개의 문장을 서로 다른 행위로 본 것이 아니라 의미상 하나의 통합된 행위 즉, '글로 적고 난 이후에 명확히 진술하는 행위'의 단일 개념으로 본 것이라서 단수형인 goes를 썼다.

Base a decision on sufficient knowledge.

Half the worry in the world is caused by people trying to make decisions before they have sufficient knowledge on which to base a decision. After carefully weighing all the facts, come to a decision. Once a decision is carefully reached, act! Get busy carrying out your decision and dismiss all anxiety about the outcome.

*sufficient 충분한 *weigh 따져보다, 무게를 달다 *get busy ~에 착수하다, ~하느라 바빠지다
*carry out 실행하다 *dismiss 생각이나 감정을 떨쳐버리다

결정은 근거 위에 세워야 한다.

세상 절반의 걱정은 충분한 지식을 갖춘 후 그것에 근거하여 결정을 내리지 않고, 그런 지식을 갖추기도 전에 미리 결정하려는 사람들 때문에 생긴다. 모든 사실을 신중히 검토한 후 결정을 내려라. 그리고 일단 그 결정을 신중히 내렸다면, 즉시 행동하라! 결정을 실행하는 데 집중하고, 그 결과에 대한 불안은 모두 떨쳐버려라.

Word Focus

| weigh의 정확한 의미 |

- 어원적으로는 '들어서 무게를 재보다'의 의미를 가진다.
- 이 본래 의미는 지금도 살아 있으며, '가치를 따지다', '판단하다'라는 추상적 의미로 확장되었다.
- 따라서 본문에서의 weigh all the facts는 '모든 사실을 검토하고 따져보다'로 이해해야 한다.

16

소리 내어 읽고 마음으로 느끼며 적어보세요.

Grammar Sense

| 문장의 이해 |

They have sufficient knowledge on which to base a decision.

- They have sufficient knowledge.와 They can base a decision on the sufficient knowledge. 두 문장을 결합한 문장이다.
- 두 문장에 공통으로 등장하는 sufficient knowledge를 관계대명사 which로 연결한다.
- 두 문장의 주어가 같으므로 뒤 관계절의 they를 생략한다.
- 조동사 can은 '미래적 가능성'을 나타내므로 '미래'의 의미를 가진 to부정사로 대치할 수 있다. 따라서 본문의 문장이 완성된다.

How to eliminate nine-tenths of our worries.

I was once terrified of lightning; but I now know that the chances of my being killed by lightning in any one year are only one in three hundred and fifty thousand. We could probably eliminate nine-tenths of our worries right now if we would cease our fretting long enough to discover whether, by the law of averages, there was any real justification for our worries.

*eliminate 없애다, 제거하다 *chance 확률, 가능성 *cease 멈추다, 중단하다 *fret 안달하다, 근심하다
*law of averages 평균의 법칙 *justification 정당한 이유, 근거

우리 걱정의 10분의 9를 없애는 방법

나는 한때 번개를 몹시 무서워했다. 하지만 지금은 내가 한 해에 번개에 맞아 죽을 확률이 35만명 중 한 명꼴에 불과하다는 사실을 알고 있다. 우리는 아마 지금 당장 우리 걱정 가운데 열에 아홉은 없앨 수 있을 것이다. 우리가 만일 잠시 근심을 멈추고, 평균의 법칙에 따라 우리의 걱정이 정말 그럴만한 정당한 근거가 있는 것인지를 살펴볼 수만 있다면 말이다.

Word Focus

| eliminate의 정확한 의미 |

- 어원적으로 e-(=out)+-liminate(=threshold)에서 나왔다. 즉, '문지방 밖으로 내보내다', '경계 밖으로 밀어내다'의 의미를 가진다.
- 초기의 의미는 '사람이나 대상을 어떤 집단, 또는 장소의 밖으로 내보내다'라는 물리적 배제에 있었다.
- 그러나 지금은 그 의미가 확장되어 '불필요한 것을 없애다', '제거하다'처럼 추상적 제거로도 흔히 사용된다.

17

소리 내어 읽고 마음으로 느끼며 적어보세요.

Grammar Sense

| 분수와 확률을 말하는 방법 |

nine-tenths, one in three hundred and fifty thousand

- 분수를 말할 때 분자는 기수(수량을 나타내는 수)를 쓰고 분모는 서수(순서를 나타내는 수)를 쓴다.
- 분자의 수가 2 이상일 때는 분모 즉, 서수에 s를 붙인다. 예) 1/3 -> one third, 2/3 -> two thirds, 1/4 -> one fourth, 3/4 -> three fourths
- 1/2은 one half라 하고 1/4은 one quarter, 3/4은 three quarters라고도 말한다.
- 확률을 말할 때는 비교적 드문 경우를 나타내어 〈one in+숫자〉의 형태를 쓴다. one in ten은 10명 중 1명, one in a hundred는 100명 중 1명이라는 뜻이다.

Don't cry over spilt milk.

He poured the milk into the sink and shouted: "Don't cry over spilt milk! Take a good look. I want you to remember this lesson the rest of your lives. That milk is gone—you can see it's down the drain; and all the fussing and hair-pulling in the world won't bring back a drop of it. All we can do is write it off, forget it, and go on to the next thing."

*Don't cry over spilt milk. 이미 엎질러진 물. *be gone 사라지다, 이 자리에 없다 *in the world 아무리 ~해도 *write it off 손실로 처리하다, 포기하다

이미 엎질러진 물. 깨끗이 잊어라.

그는 우유를 싱크대에 쏟아붓고 외쳤다. "이미 엎질러진 우유야. 그걸 보고 울지 마라! 잘 봐라. 이 교훈을 평생 기억하기를 바란다. 저 우유의 생은 끝났어. 보다시피 하수구로 다 내려갔잖아. 아무리 호들갑을 떨고 머리카락을 쥐어뜯은 들 우유는 한 방울도 다시 돌아오지 않아. 지금 우리가 할 수 있는 건 그저 털어버리고 잊는 거야. 그리고 다음 일로 넘어가는 게 다인 거야."

Word Focus

| fussing and hair-pulling의 정확한 의미 |

- 동사 fuss는 '호들갑을 떨다', '안달하다', '소란 피우다'의 의미를 가진다.
- 따라서 동명사 fussing은 '불필요한 걱정', '과민반응', 또는 '법석 떨기'를 뜻한다.
- hair-pulling은 말 그대로 '머리를 쥐어뜯는 행위'를 의미하며, 비유적으로는 '속이 타고 답답해서 미칠 듯이 괴로워하는 상태'를 나타낸다.
- 두 단어가 합쳐진 fussing and hair-pulling은 '법석 떨고 속을 태우는 온갖 헛된 몸부림'이라는 뜻이다.

18

소리 내어 읽고 마음으로 느끼며 적어보세요.

Grammar Sense

| 주어의 변형을 통한 문장의 초점과 문체, 그리고 강조점의 비교 |

All the fussing and hair-pulling in the world won't bring back a drop of it → You can't bring back a drop of it even with all the fussing and hair-pulling in the world.

이 두 문장이 전달하고자 하는 내용은 같으나 다음과 같은 차이점이 있다.

- 원문은 동명사구를 주어로 사용함으로써 행위 자체의 무익함에 초점을 두고 있다. 이러한 문체는 보통 교훈적이거나 객관적인 진리를 전달할 때 사용된다.
- 변형문은 행위의 주체인 인간을 주어로 설정함으로써 인간의 무력함에 초점을 맞추고 있다. 이러한 문체는 직설적인 충고나 현실적인 조언을 전달할 때 주로 사용된다.

Cheerily seek how to redress harms.

1. You can't saw sawdust! It's already sawed! And it's the same with the past. When you start worrying about things that are over and done with, you're merely trying to saw sawdust.
2. Here is Shakespeare's advice: "Wise men never sit and wail their loss but cheerily seek how to redress harms."

*saw 톱질하다, 톱으로 켜다 *wail 슬퍼하다, 울부짖다 *loss 상실, 잃은 것 *seek 찾다, 모색하다
*redress 다시 바르게 세우다, 바로잡다

기운내서 손해를 바로잡을 길을 모색하라.

1. 톱밥을 톱으로 켤 수는 없다! 그건 이미 켜진 나무이다! 과거도 마찬가지다. 이미 지나가 버린 일을 걱정하기 시작한다면, 그건 다름 아닌 톱밥을 다시 켜려는 것이다.
2. 셰익스피어는 이렇게 조언한다. "현자는 앉아서 잃은 것을 슬퍼하지 않고, 기운 내서 그 손해를 어떻게 바로잡을지 모색한다."

Word Focus

| be over and done with의 정확한 의미 |

- be over는 '시간이 종료된 상태'이다.
- be done은 '행동이나 과정이 끝난 상태, 또는 단절'을 의미한다.
- 이 두 개의 표현을 연결시키면 '시간이 끝남과 동시에 그 일과의 심리적 단절이 이루어짐'을 의미한다. 불쾌하거나 피곤한 일이 끝났을 때 사용한다.

19

소리 내어 읽고 마음으로 느끼며 적어보세요.

Grammar Sense

| It's the same with the past.와 It's the same as the past.의 차이 |

- It's the same with the past.의 의미는 "그건 과거도 마찬가지이다."이다. 즉, 과거의 경우에도 같은 원리가 적용된다는 뜻이다. 본문에서는 "톱밥을 다시 켤 수 없는 것처럼 과거 역시 되돌릴 수 없다."는 의미로 사용되었다.
- It's the same as the past.의 의미는 "그건 과거와 같다."이다. 이는 현재의 상황이 과거의 상황과 동일하다는 의미로, 만일 본문에 이 문장을 사용했다면 "지금 톱밥을 켤 수 없는 것처럼 과거에도 톱밥을 켤 수 없었다."는 뜻이 되어 본문의 의도와는 전혀 맞지 않는다.

Part 4

Thoughts on Acceptance and Reality

Accept the worst.

When we have accepted the worst, we have nothing more to lose. And that automatically means we have everything to gain! After facing the worst, I immediately relaxed and felt a sense of peace that I hadn't experienced in days. From that time on, I was able to think.

*accept the worst 최악의 상황을 받아들이다 *face ~에 직면하다, 회피하지 않고 맞서다
*immediately 즉시, 곧바로 *be able to think 차분히 생각할 수 있다

최악의 상황을 인정하고 받아들이라.

최악의 상황을 받아들이면 더 이상 잃을 것이 없다. 그리고 그것이 자연스레 의미하는 바는, 우리에게 남아 있는 건 얻을 것뿐이라는 사실이다. 최악에 당당히 맞선 그 순간, 곧 마음이 놓이고 며칠 동안 느껴보지 못한 평온함이 내게 찾아왔다. 그때부터 비로소 나는 차분히, 제대로 생각할 수 있었다.

Word Focus

| 동사 face의 정확한 의미 |

- 어원적으로는 '얼굴', '외형', '겉모습'을 뜻한다.
- 여기에서 의미가 확장되어 '무엇과 얼굴을 마주하다', '정면으로 맞서다', 나아가 '문제나 현실을 회피하지 않고 직시하다'의 뜻으로 발전했다.
- 따라서 본문의 face the worst는 '최악의 상황을 있는 그대로 받아들이고, 그것을 피하지 않고 정면으로 마주하다', '최악의 상황을 직시하고 감내하다'라는 의미를 가진다.

20

소리 내어 읽고 마음으로 느끼며 적어보세요.

Grammar Sense

| 현재완료시제 |

When we have accepted the worst, we have nothing more to lose.

- '과거부터 현재까지 계속'을 의미하는 것이 아니라 '과거에 일어난 일이 현재에 주는 영향'을 말한다. 즉, 현재완료시제의 중심은 '과거로 인한 현재의 상태'이다. 과거시제와는 달리 과거와 현재가 밀접하게 연결되어 있는 것이다.
- 본문을 예로 들면, 현재완료시제인 have accepted는 '이미 과거에 일어난 일(accepted)을 지금 현재까지 내가 유효하게 가지고 있다(have)'는 뜻이다. 그 현재의 유효함이 바로 뒤에 나오는 we have nothing more to lose 즉, '그래서 지금 현재 우리는 더 이상 잃을 게 하나도 없다'로 이어진다.

Accept unpleasant situations.

As you and I march across the decades of time, we are going to meet a lot of unpleasant situations that are so. They cannot be otherwise. We have our choice. We can either accept them as inevitable and adjust ourselves to them; or we can ruin our lives with rebellion and maybe end up with a nervous breakdown.

*march 행진하다, 씩씩하게 전진해 나가다 *that are so 그건 그렇게 존재하다, 그럴 수밖에 없다
*otherwise 다른 방식으로, 그렇지 않게 *either A or B A나 B 둘 중의 하나 *inevitable 불가피한
*rebellion 반항, 저항

불편한 상황들을 받아들여라.

수십 년의 세월을 살아가다 보면, 우리는 피할 수 없는 달갑지 않은 많은 상황들과 맞닥뜨리게 될 것이다. 그건 그럴 수밖에 없다. 그 상황들이 달라질 수는 없다. 그러나 우리에겐 선택권이 있다. 그 상황들을 불가피한 것으로 받아들이고 그에 맞춰 적응해 나갈 수 있다. 아니면 그 상황들을 부정하고 받아들이지 않음으로써 우리의 삶을 힘들게 만들고 결국 신경 쇠약에 빠질 수도 있다.

Word Focus

| adjust의 정확한 의미 |

- 어원적으로는 ad-(=to, toward)+just(=right, fair) 즉, '올바르게 만들다', '바르게 잡다'의 의미를 가진다.
- 이 뜻이 확장되어 '조정하다', '적응하다', '수정하다'의 의미로 발전하였으며, adjust oneself to는 '~에 스스로 조율하여 맞추다', '~에 적응하다'의 뜻으로 쓰인다.

21

소리 내어 읽고 마음으로 느끼며 적어보세요.

Grammar Sense

| either A or B 구문에서 or 앞에 콤마가 없는 경우와 있는 경우, 그리고 세미콜론(;)이 있는 경우의 차이 |

- 콤마나 콜론 없이 사용되는 것이 일반적이다.
- 콤마는 선택적으로 사용하게 되는데 문장이 길거나 구조가 복잡해서 가독성이 떨어진다고 느껴질 때 잠깐 쉬어 가는 느낌으로 사용한다.
- 세미콜론 역시 선택적인 사용이다. A와 B의 대비를 시각적으로 보여주면서 의미를 강조하고 싶을 때 주로 사용한다. 교훈적인 글에서 즐겨 사용된다.

We are stronger than we think.

We can all endure disaster and tragedy and triumph over them—if we have to. We may not think we can, but we have surprisingly strong inner resources that will see us through if we will only make use of them. We are stronger than we think.

*endure 견디다, 인내하다 *disaster 재난, 재앙, 역경 *triumph over ~을 이겨내다, 극복하다
*inner resources 내면의 힘 *see us through 우리가 버티게 하다, 힘든 일을 이겨내게 도와주다
*make use of ~을 이용하다, 활용하다

우리는 생각보다 강한 존재이다.

우리는 모두 역경과 슬픔을 견디고 극복해 낼 수 있다. 당연히 그래야만 할 상황이라면 말이다. 우리 스스로는 그럴만한 능력이 없다고 생각할 수도 있다. 하지만 우리는 놀라울 만큼 강한 내면의 힘을 소유하고 있어서 그것을 잘 활용하기만 하면 어떤 어려움도 이겨나갈 수 있다. 우리는 생각보다 훨씬 더 강하다.

Word Focus

| endure의 정확한 의미 |

- 어원적으로 en-(=in)+dure(=to harden, last) 즉, '안에서 단단해지다'라는 뜻을 가진다.
- 이 의미에서 발전하여 '단단히 버티다', '인내하다', '지속되다'의 의미를 갖게 되었으며 의지와 강인함이 느껴지는 동사이다.

22

소리 내어 읽고 마음으로 느끼며 적어보세요.

Grammar Sense

| 조동사 can, may, 그리고 have to의 올바른 이해 |

- can은 '가능성'과 '능력'을 모두 나타낸다. 주로 객관적 사실보다는 화자의 판단에 따른 주관적 능력을 말할 때 강조의 의미로 쓰인다.
- may는 확실하지 않은 가능성을 나타낸다. 확률이 높지 않기 때문에 '그럴 가능성도 조금은 있다' 정도로 이해하는 것이 자연스럽다.
- have to는 조동사는 아니지만, 의미상 '~을 해야 하다'로 자주 쓰이므로 must(의무, 강요), should(권유) 등과 함께 비교된다.
- have to는 원래 하나의 덩어리가 아니라, have(가지고 있다)와 미래적 의미를 갖는 to부정사의 결합이다. 따라서 본래 의미는 '앞으로 해야 할 일이 있다'이다. 즉, '당연히 해야 할 일', '이미 계획된 일', '필요한 일'을 말하며 당위성과 필요성을 함께 담는다.

When you have a lemon, make a lemonade.

If the fool finds that life has handed him a lemon, he gives up and says, "I'm beaten. It is fate. I haven't got a chance." Then he proceeds to rail against the world and indulge in an orgy of self-pity. But when the wise man is handed a lemon, he says: "What lesson can I learn from this misfortune? How can I improve my situation? How can I turn this lemon into a lemonade?"

*lemon 불운, 실패 *proceed to 이어서 ~하다 *rail against ~을 격렬하게 비난하다 *indulge in ~에 빠지다 *an orgy of self-pity 지나친 자기연민

불행이 닥치면 그것을 기회로 바꾸라.

어리석은 사람은 인생이 자신에게 레몬, 곧 불행을 내밀었다고 느끼면 포기해 버린다. 그리고 이렇게 말한다. "난 끝났어. 이건 다 운명이야. 이제 내게 남은 건 아무것도 없어." 이내 그는 세상을 탓하며 불평하고, 끝없는 자기연민 속으로 빠져든다. 하지만 현명한 사람은 다르다. 그에게 레몬이 주어졌을 때 이렇게 묻는다. "이 불운에서 나는 어떤 교훈을 배울 수 있을까? 어떻게 하면 지금의 상황을 조금이라도 나아지게 할 수 있을까? 어떻게 이 시큼한 레몬을 달콤한 레모네이드로 바꿀 수 있을까?"

Word Focus

| indulge의 정확한 의미 |

- 어원적으로 '남을 관대히 대하다', '마음대로 하게 두다'에서 유래했다.
- 이 의미가 확장되어 '스스로에게 관대하게 대하다', '욕구나 감정을 자제하지 않다'의 뜻으로 발전했다.
- indulge in은 '~에 빠지다', '~을 마음껏 즐기다', '탐닉하다', '몰입하다', '참지 않고 누리다' 등의 의미로 쓰인다.

23

소리 내어 읽고 마음으로 느끼며 적어보세요.

Grammar Sense

| 전치사 into의 느낌: turn this lemon into a lemonade |

- 기본적으로 into는 '방향'을 나타내며 '~안으로 들어가다'의 의미를 가진다.
- 그러나 본문에서는 물리적인 방향이 아니라 '변화', 또는 '변환'의 의미로 쓰였다. 즉, '~의 상태로 변하다', '~로 바뀌다' 등의 뜻이다.
- 따라서 본문을 직역하면 '이 레몬을 레모네이드로 바꾸다'이지만, 의역하면 '불운을 긍정적인 결과로 변화시키다'가 된다.

Our infirmities help us unexpectedly.

William James said: "Our infirmities help us unexpectedly." Yes, it is highly probable that Milton wrote better poetry because he was blind and that Beethoven composed better music because he was deaf. If Dostoevsky and Tolstoy had not led tortured lives, they would probably never have been able to write their immortal novels.

▌ *unexpectedly 뜻밖에 *tortured lives 고통스러운 삶들 *immortal 불멸의

우리의 약점은 뜻밖에도 우리를 돕는다.

윌리엄 제임스(미국의 철학자)는 말했다. "우리의 약점은 뜻밖에도 우리를 돕는다". 실제로 매우 그럴듯한 말이다. 밀턴이 더욱 훌륭한 시를 썼던 이유는 시력을 잃었기 때문이었고, 베토벤이 더 위대한 음악을 작곡했던 이유는 청력을 잃었기 때문이었다. 만일 도스토옙스키와 톨스토이가 고통스러운 삶을 살지 않았다면, 그들은 아마 불멸의 소설들을 결코 쓸 수 없었을 것이다.

Word Focus

| infirmity의 정확한 의미 |

- 어원적으로 in-(=not)+firm(=hard, firm)+-ity(명사형 접미사)에서 나와 '단단하지 않음', '약함'을 뜻한다.
- 이 의미에서 발전하여 '신체적인 허약함'이나 '병약함'은 물론 '정신적, 도덕적 나약함', '인간적 결함'까지 포함하는 폭넓은 개념으로 쓰인다.

24

소리 내어 읽고 마음으로 느끼며 적어보세요.

Grammar Sense

| 부사의 역할: unexpectedly, highly, probably |

- 부사는 동사, 형용사, 다른 부사, 또는 문장 전체를 꾸며 문장의 의미를 풍요롭게 만드는 단어로, 영어 문법에서 매우 중요한 역할을 한다.
- 부사는 문장의 의미를 강조할 때 강하게 발음된다.
- 본문에서 unexpectedly는 동사 help를 수식하고 highly는 형용사 probable을 꾸민다. probably는 조동사 would을 수식하여 '추측의 정도'를 나타낸다.

Profit from your losses.

The most important thing in life is not to capitalize on your gains. Any fool can do that. The really important thing is to profit from your losses. That requires intelligence; and it makes the difference between a man of sense and a fool.

*capitalize on ~을 이용하다 *gain 이익, 성과 *profit from ~로부터 이익을 얻다, 교훈을 얻다
*require ~을 필요로 하다, 요구하다 *a man of sense 분별력 있는 사람, 현명한 사람

실패로부터 깨달음을 얻어라.

인생에서 가장 중요한 것은 이미 얻은 것에 안주해 그것만 이용하며 살아가는 것이 아니다. 그런 건 누구나 할 수 있다. 진정으로 중요한 것은 실패로부터 깨달음을 얻는 것이다. 그것에는 지혜가 필요하며, 그 지혜가 바로 현명한 사람과 어리석은 사람을 가른다.

Word Focus

| capitalize의 정확한 의미 |

- 어원적으로 capital-(=head, principal thing)+-ize(=to make) 즉, '머리를 만들다', '주된 것을 만들다' 등의 의미를 가진다.
- 여기에서 capital이 명사로 발전해 '자본', '자산' 등의 뜻을 갖게 된 것은 '경제의 머리, 즉 중심이 돈'이라는 개념에서 비롯되었다.
- 따라서 capitalize는 본래 '자본으로 만들다'라는 의미이며, 이로부터 '무언가를 활용하다'라는 확장된 의미가 파생되었다.
- capitalize on은 '어떤 기회를 잡아 그로부터 이익을 극대화하다'라는 속뜻을 바탕으로 '이용하다', '활용하다'의 의미까지 확장되어 쓰인다.

25

소리 내어 읽고 마음으로 느끼며 적어보세요.

Grammar Sense

| 전치사 from의 의미: profit from your losses |

- 출발점과 기원을 의미한다.
- 장소나 시간의 시작점을 표시한다.
- 어떤 결과나 영향을 일으키는 근원을 나타낸다.

Part 5

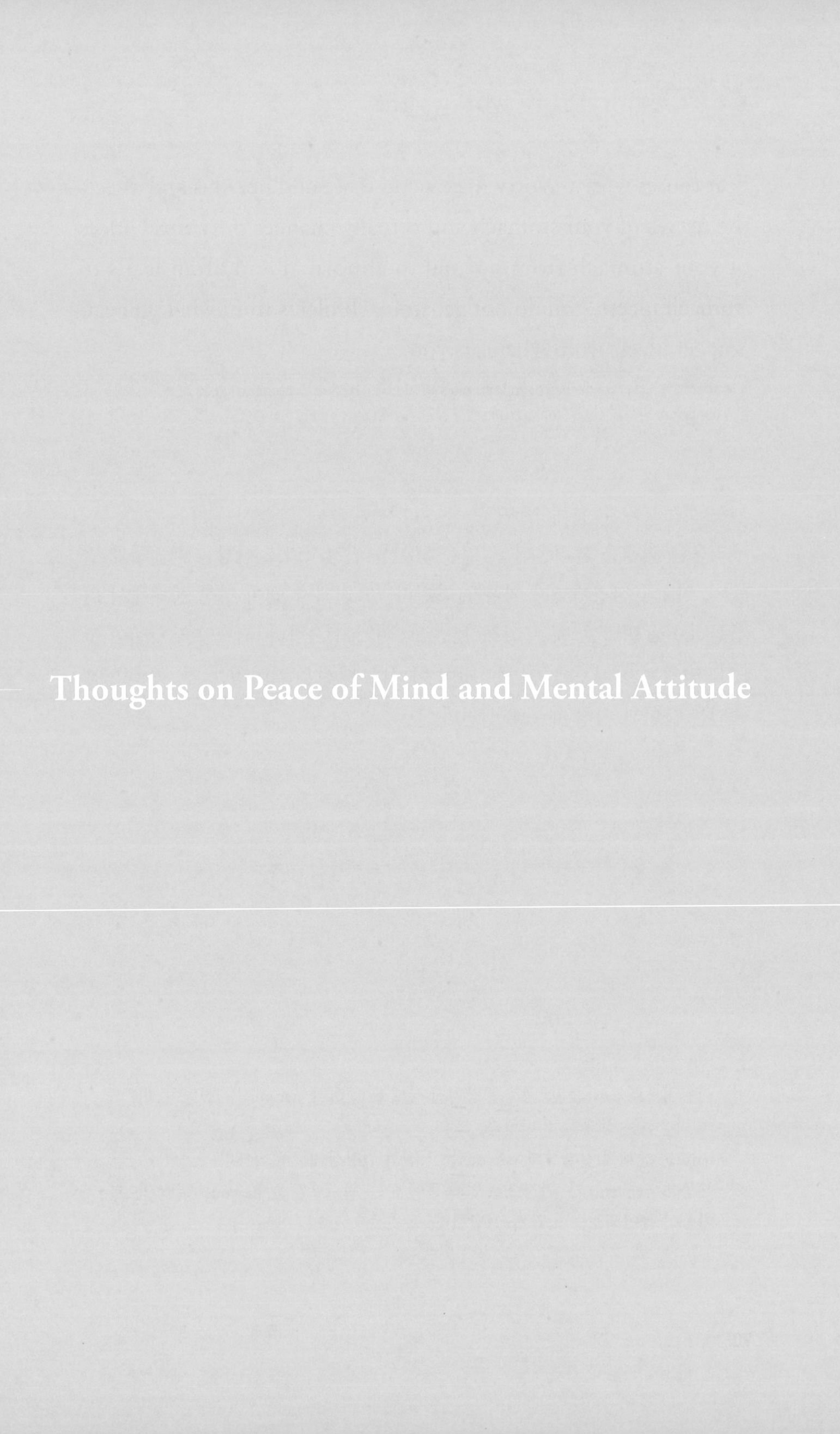

Thoughts on Peace of Mind and Mental Attitude

Don't let anything worry you.

Fear causes worry. Worry makes you tense and nervous and affects the nerves of your stomach and actually changes the gastric juices of your stomach from normal to abnormal and often leads to stomach ulcers. You do not get stomach ulcers from what you eat. You get ulcers from what eats you.

*affect 영향을 주다 *nerves of your stomach 위의 신경, 자율신경계 *gastric juices 위액
*abnormal 비정상적인 *stomach ulcers 위궤양 *what eats you 당신을 갉아먹는 것, 걱정

어떤 일로도 걱정하지 마라.

두려움은 걱정을 불러온다. 걱정은 당신을 긴장시키고 신경을 예민하게 만들며, 위胃의 신경에까지 영향을 미친다. 그 결과 위액이 정상 상태에서 비정상적으로 변하고, 자주 위궤양으로 이어지기도 한다. 위궤양은 당신이 무엇을 먹었는가 때문에 생기는 것이 아니다. 당신을 갉아먹는 것, 즉 내면을 좀먹는 불안과 걱정 때문에 생긴다.

Word Focus

| tense와 nervous의 의미 차이 |

- 어원적으로 tense는 '팽팽하게 당겨진 상태'를 뜻하며, nervous는 '신경이 과도하게 반응하는 상태'를 의미한다.
- tense는 신체적 긴장상태, nervous는 정신적 긴장상태를 나타낸다.
- 본문에서는 tense가 '걱정으로 인해 몸이 굳는다는 느낌'을, nervous는 '걱정으로 마음이 불안해지는 느낌'을 전달한다.

26

소리 내어 읽고 마음으로 느끼며 적어보세요.

Grammar Sense

| 전치사 뒤에 오는 절: from what you eat, from what eats you |

- 전치사 뒤에는 일반적으로 명사가 온다.
- 그러나 명사뿐 아니라 명사 역할을 하는 표현 즉, '명사구'나 '명사절'도 목적어로 올 수 있다.
- 본문에서는 전치사 from의 목적어로 명사절인 what you eat과 what eats you가 쓰였다.

The mind and body are one.

Plato said that "the greatest mistake physicians make is that they attempt to cure the body without attempting to cure the mind; yet the mind and body are one and should not be treated separately!" It took medical science twenty-three hundred years to recognize this great truth.

*physician 의사, 내과의사 *attempt 시도하다 *cure 치료하다 *treat 다루다, 치료하다
*medical science 의학

몸과 마음은 하나다.

플라톤은 이렇게 말했다. "의사들이 저지르는 가장 큰 실수는 몸을 치료하면서 마음을 치료하려 하지 않는다는 것이다. 그러나 몸과 마음은 하나이며, 분리해서 다뤄서는 안 된다!" 그리고 의학이 이 위대한 진리를 깨닫는 데에는 2,300년이 걸렸다.

Word Focus

| recognize의 정확한 의미 |

- 어원적으로 re-(=again)+cognize(=to know), 즉 '다시 알게 되다', '이미 알고 있던 것을 새롭게 인식하다'의 의미를 갖는다.
- 이 어원적 의미가 오늘날까지 그대로 이어져, '사물이나 사람을 알아보다', '진리나 사실을 깨닫다'의 뜻으로 쓰인다.

27

소리 내어 읽고 마음으로 느끼며 적어보세요.

Grammar Sense

| 타동사의 목적어로서의 to부정사 |

- 타동사의 목적어로 올 수 있는 것은 명사뿐이다.
- to부정사의 용법 중에는 명사적 용법이 있다.
- 따라서 to부정사는 타동사의 목적어로 쓰일 수 있다.
- attempt는 타동사이며 to부정사를 목적어로 취한다.
- 따라서 attempt to cure the body에서 to cure the body는 타동사 attempt의 목적어로 쓰인 to부정사구이다.

Worry destroys your looks.

Few things can age and sour a woman and destroy her looks as quickly as worry. Worry curdles the expression. It makes us clench our jaws and lines our faces with wrinkles. It forms a permanent scowl. It may turn the hair gray, and, in some cases, even make it fall out. It can ruin the complexion—it can bring on all kinds of skin rashes, eruptions, and pimples.

*sour 상하게 하다, 매력을 잃게 하다 *curdle 응고시키다 *expression 표정 *scowl 찡그린 얼굴, 인상쓰기 *fall out 빠지다 *complexion 안색, 피부상태

걱정은 얼굴을 망가뜨린다.

여자를 늙게 하고 여자의 매력을 앗아가며 얼굴을 망가뜨리는 데 걱정만큼 빠른 건 없다. 걱정은 표정을 굳게 만든다. 걱정은 이를 악물게 하며 얼굴에 주름을 남긴다. 걱정은 얼굴을 늘 찡그리게 한다. 걱정으로 흰머리가 생기거나 경우에 따라서는 머리가 빠지기도 한다. 걱정은 피부 상태를 해칠 수 있다. 즉, 각종 피부발진이나 종기, 그리고 뾰루지가 생기게 할 수도 있다.

Word Focus

| destroy와 ruin의 의미 차이 |

- destroy는 de-(=down)+stroy(=to build)에서 유래하여, 본래 의미는 '쌓아 올린 것을 아래로 무너뜨리다'이다.
- 따라서 '회복 불능의 상태로 완전히 파괴하다' 즉, '존재 자체를 없애 버리다'의 뜻으로 쓰인다.
- ruin의 본래 의미는 '무너지다', '붕괴하다'이다.
- 여기에서 발전하여 '심각하게 해치다', '기능이나 가치를 손상시키다'의 의미를 갖게 되었으며 회복 가능성이 남아 있다는 뉘앙스를 포함한다.

28

소리 내어 읽고 마음으로 느끼며 적어보세요.

Grammar Sense

| 하이픈(—)의 역할 |

- 글 속 하이픈은 앞에 던진 말의 구체적인 설명을 유도한다.
- 본문에서는 피부 상태를 해친다(ruin the complexion)고 말한 후에 어떻게, 무엇을 해치는가를 뒤에서 구체적으로 설명하겠다는 신호로 하이픈을 이용하고 있다.
- 하이픈은 글을 읽는 사람들의 호흡을 잠깐 멈추게 하고 뒤에 이어지는 문장에 기대감을 갖게 하는 일종의 '리듬감'의 표현이다.

I have no time for worry.

No time for worry! That is exactly what Winston Churchill said when he was working eighteen hours a day at the height of the war. When he was asked if he worried about his tremendous responsibilities, he said, "I'm too busy. I have no time for worry."

▌ *exactly 정확히 *at the height of ~이 한창일 때 *tremendous 엄청난 *responsibility 책임

걱정할 시간이 없다.

걱정할 시간 따위는 없다! 이것이 바로 전쟁이 한창일 때 하루 18시간씩 일하던 윈스턴 처칠이 한 말이다. 막대한 책임 때문에 걱정하지 않느냐는 질문을 받자 그는 이렇게 대답했다. "너무 바빠서 걱정할 시간이 없어."

Word Focus

| tremendous의 정확한 의미 |

- 어원적으로는 '두려움으로 떨게 하는'의 의미를 가졌다.
- 이 의미가 확장되어 '두려움을 줄 정도로 큰', '엄청난', '굉장한'의 뜻을 갖게 되었다.
- 본문에서는 tremendous responsibilities로 쓰여서 '두려움을 느낄 만큼 막대한 책임'의 의미로 사용되었다.

29

소리 내어 읽고 마음으로 느끼며 적어보세요.

Grammar Sense

| I have no time for worry.와 I have no time to worry.의 차이 |

- for worry의 worry는 명사로서 '걱정'이라는 추상적 개념을 나타낸다. 따라서 no time for worry는 '걱정이라는 것 자체에 시간을 낭비할 수 없다'는 의미를 전한다.
- to worry의 worry는 동사로서 '걱정하다'라는 구체적 행위를 뜻한다. 따라서 no time to worry는 '실제로 걱정하면서 보낼 시간이 없다'는 의미를 전한다.

I had neither the time nor the energy to worry.

I realized I needed some new kind of work that would keep me busy both mentally and physically every hour of the day. So I took a job as a saleswoman in a large department store. That did it. I immediately found myself in a whirlwind of activity. Never a second to think of anything except my immediate duty. I had neither the time nor the energy to worry.

*keep me busy 나를 계속 바쁘게 하다 *That did it. 그게 효과 있었다. 그게 통했다
*whirlwind of activity 활동의 회오리바람, 정신없이 바쁜 상태 *immediate duty 당장 해야 하는 일

걱정할 시간도 에너지도 없었다.

나는 정신적으로나 육체적으로 하루 종일 나를 바쁘게 만들어 줄 새로운 일을 찾아야 한다는 것을 깨달았다. 그래서 대형 백화점의 판매원으로 취직했다. 그게 효과 있었다. 나는 곧바로 정신없이 바쁜 소용돌이 속으로 빠져 들었다. 당장 해야 할 일 외에는 한순간도 다른 생각을 할 틈이 없었다. 걱정할 시간도, 에너지도 남아 있지 않았다.

Word Focus

| That did it.의 정확한 의미 |

- 직역하면 "그것이 그 일을 했다."가 된다.
- 그러나 did it은 여기에서 숙어적 의미로 쓰여 '성공했다', '효과를 냈다'의 뜻이 된다.
- 따라서 That did it.은 "그게 효과 있었다." "그게 통했다." "그것으로 해결됐다."의 의미를 가진다.

30

소리 내어 읽고 마음으로 느끼며 적어보세요.

Grammar Sense

| neither A nor B의 활용 |

-'A도 아니고 B도 아니다'의 의미로 쓰인다.

-A와 B 둘 다 부정하기 때문에 대표적 부정어인 not을 따로 쓸 필요가 없다.

-A와 B는 문법적으로 같은 품사로 병렬되어야 한다.

-본문에서는 the time과 the energy 두 개의 명사구가 병렬로 연결되어 '시간도 없고 에너지도 없다'는 의미를 지닌다.

Peace of mind depends upon mental attitude.

I am deeply convinced that our peace of mind and the joy we get out of living depends not on where we are, or what we have, or who we are, but solely upon our mental attitude. Outward conditions have very little to do with it.

*convinced 확신하는 *get out of living 삶에서 얻다 *solely 오직, 전적으로 *have little to do with ~와 거의 관계가 없다

마음의 평안은 마음가짐에 달려있다.

내가 깊이 확신하는 것이 있다. 우리의 마음의 평안과 삶에서 얻는 기쁨은 우리가 어디에 있느냐, 무엇을 소유하고 있느냐, 혹은 어떤 사람이냐에 달려 있는 것이 아니라 전적으로 우리의 마음가짐에 달려있다는 것이다. 외적인 환경은 여기에 거의 관련이 없다.

Word Focus

| depend on의 정확한 의미 |

- depend의 어원은 de-(=down)+pend(=to hang, to be suspended)로, 본래 '무언가에 매달려 있다'는 의미를 가진다.
- 이 의미가 확장되어 '의존하다', '기대다'의 뜻으로 쓰이게 되었다.
- 전치사 on과 함께 depend on의 형태로 쓰이면 '~에 달려 있다', '~에 의존하다', '~에 따라 달라지다'의 뜻으로 사용된다.

31

소리 내어 읽고 마음으로 느끼며 적어보세요.

Grammar Sense

| 두 개의 주어, 그리고 단수취급 |

our peace of mind and the joy we get out of living depends

- 본문에서는 our peace of mind와 the joy we get out of living, 두 개의 주어가 접속사 and로 연결되어 있다. 따라서 형식 문법으로 볼 때는 복수 주어이므로 동사의 형태는 depend가 와야 자연스럽다.
- 그러나 저자는 이 두 개의 주어를 별개의 개념으로 보지 않았다. 즉, '내면의 평화'와 '삶에서 오는 기쁨'을 의미상 하나의 통합된 개념, 곧 '내면적 행복'으로 본 것이다.
- 따라서 형식적 복수보다는 의미적 단수로 취급하여 depend가 아닌 depends를 사용한 것이다.

Part 6

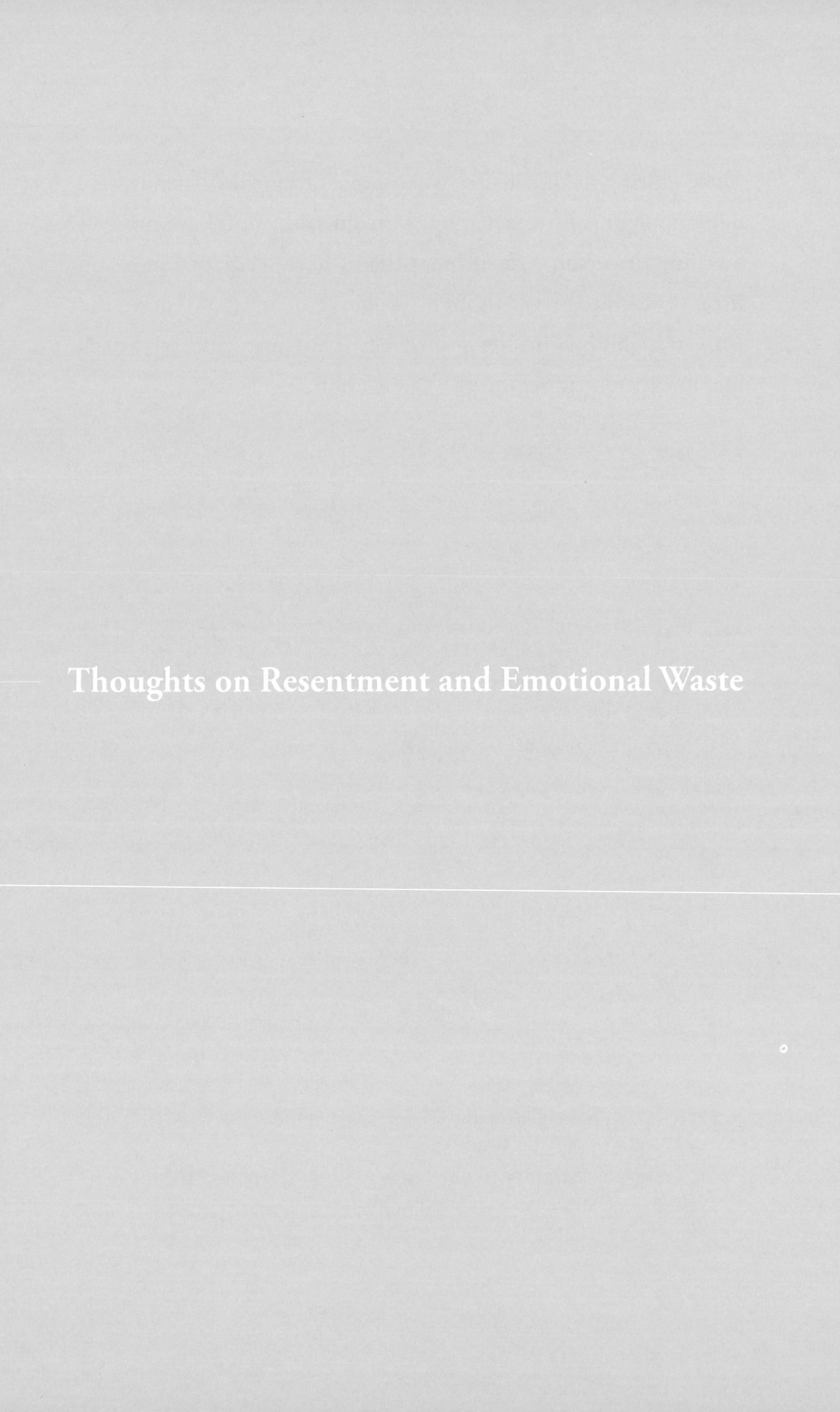

Thoughts on Resentment and Emotional Waste

Resentment doesn't pay.

Once, during the Civil War, when some of Lincoln's friends were denouncing his bitter enemies, Lincoln said: "You have more of a feeling of personal resentment than I have. Perhaps I have too little of it; but I never thought it paid. A man doesn't have the time to spend half his life in quarrels. If any man ceases to attack me, I never remember the past against him."

*denounce 맹렬히 비난하다, 규탄하다 *bitter 지독한, 원한을 품은 *pay 득이 되다 *cease 하던 것을 멈추다 *against him 그에게 불리하게, 그에게 적대적으로

원한을 품는 건 득 될 게 없다.

한 번은 남북전쟁 중에 링컨의 친구들이 '링컨에게 원한을 품은 적들'을 심하게 비난하고 있었다. 그러자 링컨이 말했다. "자네들은 당사자인 나보다 감정적으로 더 격한 반응을 보이는군. 어쩌면 나는 그런 감정이 너무 적어서 탈인데 말이야. 하지만 나는 그런 감정을 품는 것 자체가 아무런 득이 되지 않는다고 생각했지. 사람은 자기 인생의 절반을 갈등하고 싸우면서 낭비할 시간이 없어. 누구든 더 이상 나를 공격하지 않으면, 나는 결코 그 사람을 적대시할만한 과거를 기억하지 않아."

Word Focus

| resentment의 정확한 의미 |

- 어원적으로는 re-(=again)+resent(=to feel)+ment(명사형 어미) 즉, '다시 느끼다'의 의미를 가진다.
- 여기에서 발전하여 '과거의 고통이나 모욕, 상처받은 감정을 계속 되새기며 느끼는 상태' 즉, '억눌린 분노'와 '오래된 원한'의 뜻으로 쓰이게 되었다.

32

소리 내어 읽고 마음으로 느끼며 적어보세요.

Grammar Sense

| 직역과 의역의 차이 |

- 직역은 형식 중심의 번역이다. 문장 속 어휘와 문법구조를 가능한 한 그대로 옮긴다. 그렇기 때문에 원문의 형태와 흐름을 거의 손상시키지 않는다. 그러나 이렇게 번역된 문장은 우리가 일상적으로 사용하는 말투와는 많이 달라서 어색하고 부자연스러운 느낌을 주기도 한다.
- 의역은 의미와 맥락 중심의 번역이다. 우리말다운 자연스러움이 살아있고 감정 전달도 매우 정확하다. 의역이 가능하기 위해서는 어휘들이 갖는 속뜻과 문법이 내포하는 감정을 매우 정확하게 이해하고 있어야 한다. 겉보기에는 의역이 원문의 의도를 손상시키는 것처럼 보일 수도 있지만 실제로는 원문이 전달하려는 의도를 보다 충실히 살리는 번역이다.

Don't hate our enemies.

When we hate our enemies, we are giving them power over us: power over our sleep, our appetites, our blood pressure, our health, and our happiness. Our enemies would dance with joy if only they knew how they were worrying us, lacerating us, and getting even with us! Our hate is not hurting them at all, but our hate is turning our own days and nights into a hellish turmoil.

*power over us 우리를 지배하는 권력, 우리 삶의 통제권 *lacerate 찢다, 마음에 상처를 주다, 괴롭히다
*get even with us 우리에게 복수하다 *hellish 지옥 같은, 끔찍한

우리의 적을 증오하지 말자.

우리가 원수를 미워할 때, 우리는 그들에게 우리 삶의 통제권을 넘겨주는 것이다. 그 미움은 우리의 잠과 식욕, 혈압, 건강, 그리고 행복에까지 영향을 미친다. 만약 원수들이 우리가 그들 때문에 얼마나 괴로워하며, 마치 그들이 복수를 이루고 있는 듯 느낄 만큼 고통받는다는 사실을 안다면, 그들은 아마 기뻐서 춤이라도 출 것이다. 우리의 증오는 그들에게 아무런 상처도 주지 못한다. 오히려 그 미움이 우리의 낮과 밤을 지옥 같은 혼란 속으로 몰아넣을 뿐이다.

Word Focus

| get even with의 정확한 의미 |

- even은 형용사로서 '동등한', '공평한'의 의미를 가진다.
- 따라서 get even with를 직역하면 '~와 동등한 상태가 되다'이며, 여기에서 의미가 발전하여 '되갚다', '복수하다'의 뜻이 되었다.
- 같은 '복수하다'를 뜻하는 revenge보다 어감이 훨씬 덜 격렬하고 일상적이다.
- 감정적으로 폭력적이기 보다는 '상대가 한 만큼 공평하게 되돌려 주다'의 느낌이 강하다.

33

소리 내어 읽고 마음으로 느끼며 적어보세요.

Grammar Sense

| 현재와 현재진행의 올바른 이해 |

- 현재시제는 언제나 변함없이 일어나는 사실을 말한다. 습관이나 보편적인 사실, 또는 추상적 진리를 말할 때 사용한다.
- 현재진행시제는 현재 구체적으로 일어나고 있는 사실을 명백히 말한다. 물리적인 진행과 심리적인 진행이 모두 포함된다. 현재진행시제가 물리적인 상황에만 적용된다고 생각하면 자칫 문장 이해에 어려움이 생길 수 있다.
- 본문의 내용은 보편적인 사실이 아니라 증오를 통해서 지금 우리 내면에 진행되고 있는 심리적 상태를 강조해서 말하고 있다. 따라서 giving, hurting, turning 등의 현재진행시제를 사용하고 있는 것이다.

Don't try to get even.

How will trying to get even hurt you? In many ways, according to Life magazine, it may even wreck your health. "The chief personality characteristic of persons with hypertension [high blood pressure] is resentment," said Life. "When resentment is chronic, chronic hypertension and heart trouble follow."

*trying to get even 복수하려는 시도/마음 *chief 주된 *personality characteristic 성격적 특성 *hypertension 고혈압

복수하려 하지 말라.

복수하려는 마음이 당신을 어떻게 해칠까? 〈라이프〉지에 따르면, 여러 가지 면에서, 심지어 당신의 건강을 완전히 망가뜨릴 수도 있다. "고혈압을 지닌 사람들의 가장 두드러진 성격적 특징은 원한이다," 〈라이프〉지는 말한다. "이 원한이 만성적으로 지속되면, 만성 고혈압과 심장 질환이 그 뒤를 따른다."

Word Focus

| chronic의 정확한 의미 |

- 어원적으로 '시간과 관련된'의 의미에서 유래하였다. 따라서 본래는 '시간이 오래된', '오랫동안 지속되는' 상태를 가리킨다.
- 이 뜻이 확장되어 '병이나 문제, 습관 등이 고질적으로 오래 지속되는', 즉 '만성적인', '고질적인'의 의미로 사용된다.

34

소리 내어 읽고 마음으로 느끼며 적어보세요.

Grammar Sense

| 조동사 will과 may의 차이 |

It may even wreck your health.

- 미래를 예측할 때 높은 가능성을 담는 것은 will이며 가능성은 있지만 불확실하다는 느낌을 줄 때 may를 이용한다.
- It may even wreck your health.에서 may를 will로 바꾸면 매우 확실한 단정과 강한 경고의 의미를 전하게 된다.
- will 대신 may를 씀으로써 조심스럽게 메시지를 전하며 경고의 효과도 살린다.
- 또한, may를 쓰면 화자의 의지에 의한 발언이 아니라 '의학적으로 가능성이 높다'는 과학적 객관성을 보여주는 어조가 가미된다.
- 하지만 will을 쓰면 객관성보다는 위협적이고 과장된 주장으로 들릴 수도 있다.

Love your enemies.

We may not be saintly enough to love our enemies, but, for the sake of our own health and happiness, let's at least forgive them and forget them. That is the smart thing to do. "To be wronged or robbed," said Confucius, "is nothing unless you continue to remember it."

*saintly 성인 같은, 도덕적으로 완벽한 *for the sake of ~을 위해서, ~의 이익을 위해서 *be robbed 손해를 입다 *be nothing 아무것도 아니다, 대수롭지 않다 *unless ~하지 않는 한, ~이 아니라면

원수를 사랑하라.

우리는 원수를 사랑할 만큼 성인은 아닐지라도, 우리의 건강과 행복을 위해서만이라도 용서하고 잊자. 그것이 현명한 일이다. 공자가 말씀하시길, "모욕을 당하거나 손해를 입는 것은, 그것을 계속 마음에 담아두지 않는다면 아무 일도 아니다."

Word Focus

| be wronged의 정확한 의미 |

- wrong은 어원적으로 '비틀어진', '부정한'을 뜻한다.
- 이 의미에서 확장되어 동사로 사용되면 '부당하게 대하다', '피해를 입히다'의 의미로 쓰인다. 단순한 피해가 아니라 '도덕적이거나 윤리적인 피해'를 말한다.
- 따라서, 수동형인 be wronged는 '부당한 대우를 받다', '도덕적으로 억울한 일을 당하다'의 의미를 가진다.

35

소리 내어 읽고 마음으로 느끼며 적어보세요.

Grammar Sense

| 수동태와 능동태의 차이 |

- 행위의 초점이 누구에게 있는가에 따라 수동태와 능동태가 결정된다.
- 행동을 하는 주체에 초점이 맞춰지면 능동태, 행동을 받는 대상에 초점을 맞추고 싶으면 수동태를 사용한다.
- 주체보다 결과가 중요할 때, 객관적인 사실을 전할 때 수동태를 쓴다.
- 책임의 주체를 명확히 해야 할 때는 능동태를 쓴다
- 본문의 be wronged와 be robbed을 통해서 공자가 강조하고 싶었던 것은 행동하는 사람보다 피해를 입은 사람의 마음가짐이다. 괴롭힌 사람이 중요한 게 아니라 괴롭힘을 당한 사람이 그 일을 어떻게 받아들여야 하는가를 수동태를 통해서 강조하고 있는 것이다.

Concentrate on the ninety percent.

About ninety percent of the things in our lives are right and about ten percent are wrong. If we want to be happy, all we have to do is to concentrate on the ninety percent that are right and ignore the ten percent that are wrong. If we want to be worried and bitter and have stomach ulcers, all we have to do is to concentrate on the ten percent that are wrong and ignore the ninety percent that are glorious.

*ignore 무시하다 *bitter 괴로운, 원망이 가득한 *stomach ulcers 위궤양 *glorious 찬란한, 훌륭한, 소중한

90퍼센트에 집중하라.

우리 삶에서 일어나는 일들의 약 90퍼센트는 올바른 것이며, 약 10퍼센트만이 잘못된 것이다. 행복해지고 싶다면, 우리는 그저 올바른 90퍼센트에 집중하고 잘못된 10퍼센트는 무시하면 된다. 하지만 걱정과 원망 속에서 괴로워하고 위궤양까지 얻고 싶다면, 그저 잘못된 10퍼센트에만 집중하고 소중한 90퍼센트를 외면하면 된다.

Word Focus

| bitter의 정확한 의미 |

- 기본적으로 '쓴맛이 나는'이라는 의미의 형용사이다.
- 이 의미에서 파생되어 마음에 상처를 입었을 때나 누군가를 원망하거나 분노할 때, 혹은 좌절감을 느낄 때 생기는 '씁쓸하고 원망스러운 감정'을 말할 때도 bitter를 사용한다.
- 또한, 자존심이 상했을 때의 감정을 나타낼 수도 있으며 매섭고 혹독한 날씨를 묘사할 때에도 사용된다.

36

소리 내어 읽고 마음으로 느끼며 적어보세요.

Grammar Sense

| concentrate와 on의 관계 |

- concentrate의 어원은 con-(=together)+centrate(=center) 즉, '결합하다'의 의미를 갖는다. 여기에서 파생되어 '흩어진 것들을 중심으로 모으다'가 되고 결국 '집중하다'의 의미를 갖게 되었다.
- 전치사 on의 물리적 의미는 '표면 위에 닿아 있는 상태'이다. 여기에서 파생되어 '마음이 어떤 대상 위에 닿아 있는 상태'를 뜻한다.
- 결국, concentrate on은 '흩어진 정신이 하나로 모여서 어떤 대상 위에 집중되어 있음'을 말한다. 그래서 '~에 집중하다'의 의미로 쓰이는 것이다.

One saw the mud, the other saw the stars.

During the war, my husband was stationed at an Army training camp near the Mojave Desert. I went to live there in order to be near him. I hated the place. I loathed it. I was so utterly wretched, so sorry for myself, that I wrote to my parents. I told them I was giving up and coming back home. My father answered my letter with just two lines that completely altered my life:

Two men looked out from prison bars, one saw the mud,
the other saw the stars.

*station 군인을 주둔시키다 *loathe 혐오하다 *wretched 비참한 *sorry for oneself 자기 연민에 빠지다 *alter 바꾸다, 변화시키다 *mud 진흙(불행)

한 사람은 불행을, 다른 한 사람은 희망을 보았다.

전쟁 중, 내 남편은 모하비 사막 근처의 육군 훈련소에 배치되어 있었다. 나는 남편 곁에 있기 위해서 그곳으로 이사했다. 그러나 그곳이 너무 싫었다. 정말 견딜 수 없을 만큼 싫었다. 너무나 힘들고 초라해서, 내 처지가 가엽게만 느껴졌다. 결국 나는 부모님께 편지를 썼다. 다 포기하고 집으로 돌아가겠다고 했다. 그런데 아버지께서는 내 편지에 단 두 줄로 답장을 보내셨다. 그 두 줄은 내 인생을 완전히 바꾸어 놓았다.

두 남자가 감옥 창살 너머로 내다보았다. 한 사람은 진흙을 보았고,
다른 한 사람은 별을 보았다.

Word Focus

| loathe의 정확한 의미 |

- 어원적으로 '혐오스럽다', '역겹다'는 뜻에서 비롯되었다.
- 이 의미가 지금도 그대로 살아있어서 '본능적인 혐오감 때문에 몸서리칠 정도로 몹시 싫어하다'라는 뜻으로 쓰인다.

37

소리 내어 읽고 마음으로 느끼며 적어보세요.

Grammar Sense

| 진행형이 가까운 미래를 말할 때 |

I told them I was giving up and coming back home.

- 이 문장의 was giving up과 coming back은 형식상 과거진행형이지만, 주절의 과거시제(told)에 맞춘 시제일치의 결과일 뿐이다. 실제로는 그 시점에서 곧 일어날 예정이었던 일(미래적 의미)을 나타낸다.
- 진행형이 미래를 나타낼 때는 "이미 정해진 가까운 미래의 계획"을 뜻하므로, 본문은 "다 포기하고 곧 집으로 돌아갈 것이라고 부모님께 말했다."로 이해하는 것이 자연스럽다.

Part 7

Thoughts on Gratitude and What We Have

Get the utmost enjoyment out of life.

First, I asked myself, "What is the worst that could possibly happen?" The answer was death. Second, I prepared myself to accept death. I had to. There was no choice. The doctors said my case was hopeless. Third, I tried to improve the situation by getting the utmost enjoyment out of life for the short time I had left. I forgot all my troubles. This mental calmness energized me and ultimately saved my life.

*hopeless 희망이 없는, 가망이 없는 *utmost 가능한한 최고의 *mental calmness 마음의 안정
*ultimately 마침내, 결국

삶이 허락하는 기쁨을 최대한 누려라.

먼저, 나는 스스로에게 물었다. "최악의 경우, 어떤 일이 일어날 수 있을까?" 그 답은 죽음이었다. 둘째로, 나는 죽음을 받아들일 준비를 했다. 그럴 수밖에 없었다. 선택의 여지가 없었다. 의사들은 내 병이 희망이 없다고 단언했다. 셋째로, 나는 내게 남은 짧은 시간 동안 삶이 허락하는 기쁨을 최대한 누리며 그 속에서 상황을 조금이라도 나아지게 하려고 애썼다. 나는 모든 걱정을 잊었다. 그리고 나서 갖게 된 마음의 평온함이 내게 생명의 에너지를 불어넣었고, 결국 내 생명을 구했다.

Word Focus

| improve의 정확한 의미 |

- 어원적으로는 im-(=into, within)+prove(=worthy, good, beneficial)에서 나와, '안에서 가치를 더하다'의 의미를 지닌다.
- 이 뜻이 발전하여 '더 낫게 만들다', '개선하다', '나아지다'의 의미로 쓰이게 되었다.

38

소리 내어 읽고 마음으로 느끼며 적어보세요.

Grammar Sense

| prepare to와 prepare myself to의 차이 |

- 'prepare to + 동사원형'의 구조는 '어떤 행위를 준비하다'의 의미이다.
- 'prepare oneself + to 동사원형'의 구조는 '자기 자신을 ~하게끔 정신적 또는 감정적으로 준비시키다'의 의미이다.
- 즉, 전자는 외적 행위의 준비, 후자는 심리적, 내적 준비를 나타낸다.
- 각각 '~할 준비를 하다', '~할 마음의 준비를 하다'로 해석된다.

Give for the inner joy of giving.

It is natural for people to forget to be grateful; so, if we go around expecting gratitude, we are headed straight for a lot of heartaches. If we want to find happiness, let's stop thinking about gratitude or ingratitude and give for the inner joy of giving.

*go around ~하며 지내다 *expect 기대하다, 당연시하다 *gratitude 감사, 감사의 마음 *ingratitude 배은망덕 *give 베풀다, 나누다

주는 행위에서 오는 내적 기쁨을 위해 베풀어라.

사람들이 감사하는 마음을 잊고 사는 것은 어쩌면 당연한 일이다. 그러니 우리가 감사를 기대하면서 지낸다면, 그건 결국 심한 마음의 상처로 이어질 뿐이다. 행복을 찾고 싶다면, 누가 고마워하느냐 배은망덕하느냐를 따지지 말고, 그저 주는 행위 자체에서 오는 내적인 기쁨을 위해 베풀자.

Word Focus

| grateful의 정확한 의미 |

- 어원은 grate-(=pleasant, thankful, favorable)+ful(=full) 즉, '기쁨과 감사, 그리고 호의가 가득한'이라는 의미에서 유래한다.
- 단순한 '감사'와 '고마움'을 넘어, 누군가의 은혜나 배려, 그리고 친절에 대해서 '마음속 깊은 곳에서 우러나오는 진정한 감사'를 나타낸다.
- 비슷한 의미의 thankful과 비교하면, thankful은 주로 '상황에 대한 감사', '안도에 가까운 감사'를 나타내고, grateful은 '사람이나 관계, 은혜에 대한 깊고 진중한 감사'를 전하는 데에 쓰인다.

39

소리 내어 읽고 마음으로 느끼며 적어보세요.

Grammar Sense

| Let's, Can you, Would you 구문의 차이 |

- Let's 구문은 상대의 동의를 구하지 않고 화자가 적극적으로 주도해서 뭔가를 하자고 제안하는 느낌이다. 상대의 동의를 구하지 않는다는 면에서 때로는 명령이나 무례함을 느끼게 할 수도 있다. 상대보다 관계상 우위에 있다던지 화자의 말에 100%동의가 가능한 상황이라면 충분히 사용 가능하다.
- Can you 구문은 상대에게 부탁이나 제안할 때 사용한다. 청자를 배려한 부탁이기 때문에 Let's 보다는 공손하지만 직설적인 느낌이 있다. 부탁에는 상대에 대한 존중과 배려가 필수이기 때문에 Can you 보다는 Could you가 좋다.
- Would you는 상대를 충분히 배려한 제안과 부탁의 구문이다. 해석의 차이는 있지만 Could you와 더불어 제안의 대표적인 표현이다. 흔히 '정중함'의 상징으로 Would you와 Could you를 말하지만 그 정중함은 '상하 관계', '낯선 사람' 등의 조건, 즉 '거리감'에서 오는 게 아니라 상대를 가리지 않는 '배려의 표현'이라는 사실을 기억해야 한다.

Ingratitude is natural like weeds.

Why should children be thankful—unless we train them to be? Ingratitude is natural—like weeds. Gratitude is like a rose. It has to be fed and watered and cultivated and loved and protected. If our children are ungrateful, who is to blame? Maybe we are. If we have never taught them to express gratitude to others, how can we expect them to be grateful to us?

*thankful 감사하는 *natural 저절로 생겨나는 *ungrateful 감사할 줄 모르는 *express 표현하다 *expect 기대하다

배은망덕은 잡초처럼 저절로 생겨난다.

아이들이 왜 감사해야 할까? 우리가 그렇게 가르치지 않는 한 그럴 이유는 없다. 배은망덕은 저절로 생겨난다. 마치 잡초와 같다. 감사는 장미와 같다. 감사는 먹이고, 물 주고, 가꾸고, 사랑하고, 지켜주어야 비로소 피어난다. 만약 우리 아이들이 감사할 줄 모른다면, 그 책임은 누구에게 있을까? 아마 우리에게 있을 것이다. 우리가 아이들에게 남에게 감사의 마음을 표현하는 법을 한 번도 가르친 적이 없다면, 그들이 우리에게 감사하길 어떻게 기대할 수 있겠는가?

Word Focus

| be to blame의 정확한 의미 |

- blame이 명사로 쓰였다. '책임', '탓', '비난' 등의 의미이다.
- 전치사 to는 '~을 향하여', '~의 대상이 되어'의 의미를 포함한다.
- 따라서 to blame은 '비난을 향해서', '책임의 대상이 되어'의 뜻을 가진다.
- 결국 be to blame은 '좋지 않는 일에 대한 책임이 있다', '비난의 대상이니 결국 ~의 잘못이다'로 확장 해석된 것이며 Who is to blame?은 "누구 책임이야?", "누가 잘못한 거야?"의 뜻을 갖게 되었다.

40

소리 내어 읽고 마음으로 느끼며 적어보세요.

Grammar Sense

| 접속사 and의 나열 |

It has to be fed and watered and cultivated and loved and protected.

- 일반적으로 동등한 요소를 나열할 때 사용하는 접속사 and는 마지막에 한 번 쓰게 되어 있다. be fed, watered, cultivated, loved, and protected가 일반적인 표기이다. 본문처럼 and를 중복 사용하게 되면 좋지 않은 글로 취급 받는다.
- 하지만 본문에서는 and를 의도적으로 중복 사용하고 있다. 하나하나의 행위를 강조하면서 연속되는 행위를 통하여 의미를 증폭하고자 한 것이다. 이런 의도는 글에 리듬감을 줄 수 있으며 매우 교훈적인 어조를 전달한다.

We always think of what we lack.

As Schopenhauer said: "We seldom think of what we have but always of what we lack." Yes, the tendency to "seldom think of what we have but always of what we lack" is the greatest tragedy on earth. It has probably caused more misery than all the wars and diseases in history.

*seldom 거의 ~하지 않는 *lack 부족하다 *tendency 경향, 성향 *tragedy 비극, 비참한 일 *cause 초래하다, 낳다 *misery 불행

우리는 언제나 부족한 것만 생각한다.

쇼펜하우어가 이렇게 말했다. "우리는 가진 것은 거의 생각하지 않고, 언제나 부족한 것을 생각한다." 그렇다, 이처럼 "가진 것을 돌아보지 않고 없는 것만 바라보는 성향"이야말로 세상에서 가장 큰 비극이다. 이런 마음가짐은 아마도 인류 역사상 모든 전쟁과 질병보다 더 큰 불행을 가져왔을 것이다.

Word Focus

| disease의 정확한 의미 |

- 어원적으로는 dis-(=away from, opposite of)+ease(=comfort) 즉, '편하지 않은 상태', '평안을 잃은 상태'의 의미이다.
- 여기에서 파생되어 '의학적으로 규정된 질병'을 의미하며 비유적으로는 '사회적 병폐', '도덕적 타락' 등을 뜻한다.
- 흔히 비교되는 illness는 '지속적인 병'을 의미하며 sickness는 '일시적인 아픔'이나 '멀미', 또는 '감기' 등의 증세를 말한다.

41

소리 내어 읽고 마음으로 느끼며 적어보세요.

Grammar Sense

| think of와 think의 차이 |

- think of는 '~에 대해서 생각하다'의 의미이다. 생각하는 대상이 of의 목적으로 나오게 된다. think는 자동사로 쓰인 것이다.
- think 다음에 바로 목적어나 절이 나오면 '~을 생각하다'의 의미가 되며 think가 타동사로 쓰인 것이다.
- think of what we lack는 '우리가 부족한 것들에 대해서 생각하다'이며 think what we lack는 '우리가 무엇이 부족한지를 생각하다'의 의미이다.
- 따라서 본문은 의미와 내용상 think of what we lack가 옳다.

Think how you can please someone.

Here is the most astonishing statement that I ever read from the pen of a great psychiatrist. This statement was made by Alfred Adler. He used to say to his melancholia patients: "You can be cured in fourteen days if you follow this prescription. Try to think every day how you can please someone."

*astonishing 놀라운, 경이로운 *from the pen of ~가 쓴 글에서 *psychiatrist 정신과 의사
*melancholia 우울증 *please 기쁘게 하다

누군가를 어떻게 기쁘게 할 수 있을지를 생각하라.

위대한 정신과 의사의 글에서 내가 읽은 것 중 가장 놀라운 말이 있다. 그건 알프레드 아들러가 한 말이다. 그는 우울증 환자들에게 늘 이렇게 말했다. "이 처방을 따르면 14일 후에 완치될 수 있습니다. 매일 누군가를 어떻게 기쁘게 할 수 있을지를 생각하세요."

Word Focus

| melancholia의 정확한 의미 |

- 어원적으로 melan-(=black)+cholia(=bile) 즉, '검은 담즙'이라는 의미를 갖는다. 고대 의학에서는 인간의 몸에 네 가지 체액(혈액, 점액, 황담즙, 흑담즙)이 있다고 믿었고 그 중 흑담즙이 많으면 우울한 성격이 된다고 생각했다. 따라서 melancholia는 원래 '검은 담즙에 의한 우울 상태'를 의미하였으며, 이후 '지속적이고 병적인 심한 우울증'을 뜻하게 되었다. 오늘날 일상 언어에서는 거의 쓰이지 않지만 의학적, 또는 학술적 맥락에서는 여전히 사용되는 용어이다.

42

소리 내어 읽고 마음으로 느끼며 적어보세요.

Grammar Sense

| '말하다'를 의미하는 동사들 say, talk, tell의 활용 |

- say는 목적어가 필요한 타동사이다. say about that의 형태는 존재하지 않으며 say that이 옳다. 의미는 '~라고 말하다', '(그 말을) 하다'이다.
- talk는 목적어가 필요하지 않은 자동사이다. talk about something, talk to someone 등의 형태로 쓴다. 의미는 '대화하다', '이야기하다'이다.
- tell은 목적어가 필요한 타동사이다. tell someone something, 또는 tell something to someone 등의 형태로 쓴다. 의미는 '~을 말하다', '~을 말해주다', '말을 전하다'이다.

Happiness is contagious.

I found that happiness is contagious. By giving, we receive. By helping someone and giving out love, I had conquered worry and sorrow and self-pity and felt like a new person. And I was a new person—not only then, but in the years that followed.

*contagious 전염성 있는, 전염되는 *give out 나누어 주다, 퍼뜨리다 *conquer 정복하다, 이겨내다
*sorrow 슬픔 *self-pity 자기연민

행복은 전염된다.

나는 행복이 전염된다는 사실을 깨달았다. 주는 만큼 받는다. 누군가를 돕고 사랑을 나누면서, 나는 걱정과 슬픔, 그리고 자기연민을 이겨냈고 새 사람이 된 듯한 느낌을 받았다. 그리고 실제로 나는 새 사람이 되었다. 그때뿐 아니라, 그 후에도 계속.

Word Focus

| contagious의 정확한 의미 |

- 어원적으로 con-(=together)+tagious(=to touch)에서 유래하여, '함께 접촉하다', '서로 접촉하여 옮다'의 의미를 갖는다. 즉, 직접적인 접촉을 통해 옮겨진다는 뜻이다.
- 의학적 의미로는 '질병이 전염성 있는', '옮을 수 있는'이다.
- 비유적 의미로는 '감정이나 행동, 또는 분위기가 전염되거나 퍼지는'으로 해석된다.

43

소리 내어 읽고 마음으로 느끼며 적어보세요.

Grammar Sense

| 전치사 by의 의미: by giving, by helping |

- by의 여러가지 의미 중에서도, 여기에서는 '수단(means)'과 '방법(method)'의 의미를 나타낸다.
- 이때는 '~함으로써', '~을 통해서', '~의 방법으로' 등으로 해석된다.
- by giving에서는 '수단'의 의미로 쓰였다.
- by helping에서는 '방법'의 의미로 쓰였다.

Part 8

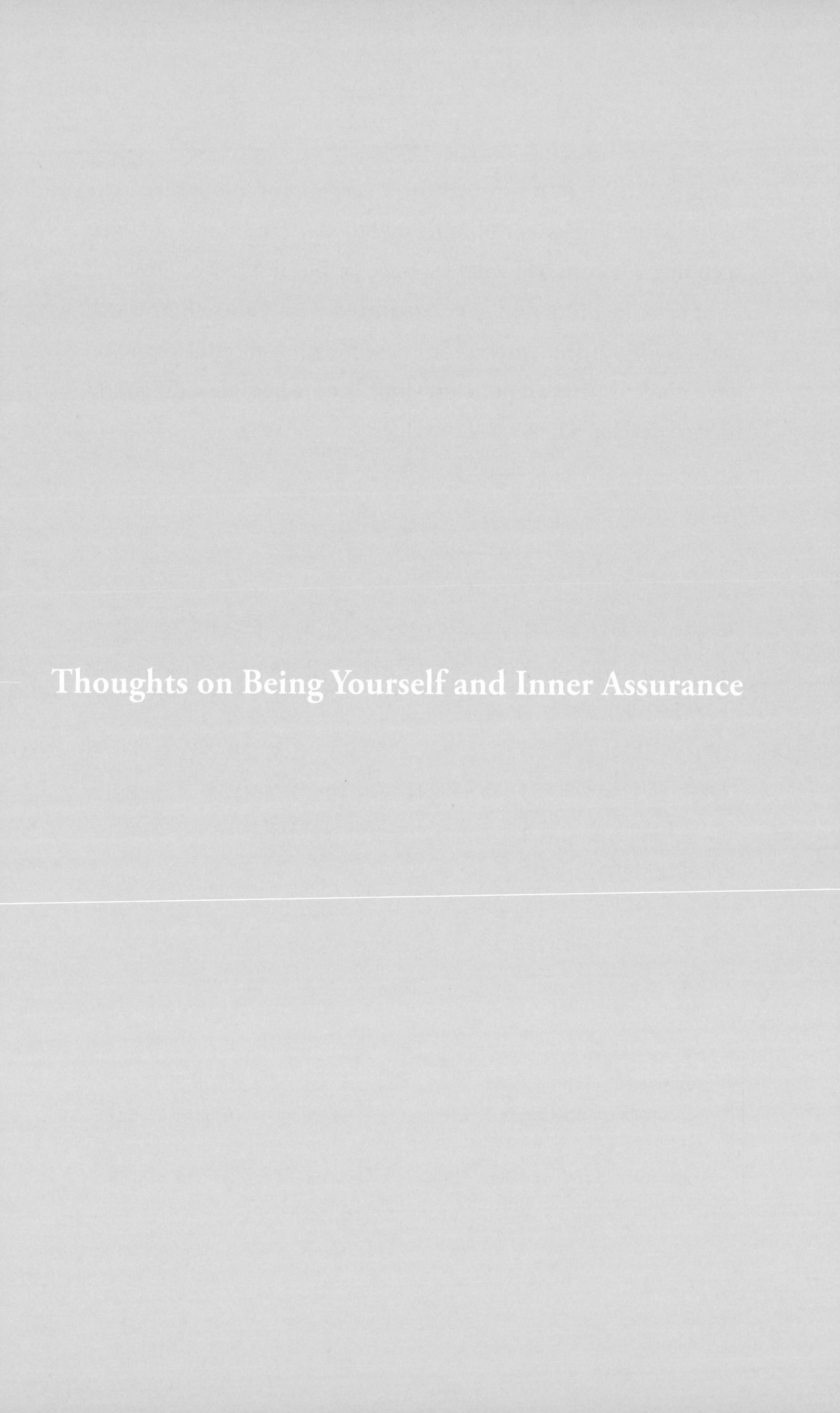

Thoughts on Being Yourself and Inner Assurance

Get acquainted with yourself.

"You will have to lie in bed for a year of complete rest," the doctor said. A neighbor of mine said to me, "You think now that spending a year in bed will be a tragedy. But it won't be. You will have time to think and get acquainted with yourself. You will make more spiritual growth in these next few months than you have made during all your previous life." I became calmer and tried to develop a new sense of values.

*complete rest 완전한 휴식 *tragedy 비극 *spiritual growth 정신적 성장, 영적 성숙
*a sense of values 가치관

자신을 돌아볼 시간을 가져라.

"앞으로 1년 동안 침대에 누워서 완전한 안정을 취해야 합니다." 의사가 말했다. 그 이후, 내 이웃이 내게 이렇게 말했다. "당신은 지금 침대에 1년 동안 누워 지내야 한다는 게 비극이라고 생각하고 있겠죠. 하지만 그렇지 않을 거예요. 당신은 생각할 시간, 그리고 자기 자신을 돌아볼 시간을 갖게 될 거예요. 앞으로 몇 달 동안 당신은 지금까지 살아온 생애보다 더 큰 정신적 성장을 이루게 될 겁니다." 나는 점점 마음이 차분해졌고, 새로운 가치관을 세우려 노력했다.

Word Focus

| get acquainted with oneself의 정확한 의미 |

- acquainted는 타인이나 환경을 '처음 접해서 익숙해진', '알게 된'의 뜻이다.
- get acquainted with는 '~와 친해지다', '~에 익숙해지다', '~을 알아가다'의 의미이다.
- get acquainted with oneself는 '자기 자신을 알아가다' 즉, '자기 자신을 깊이 들여다보다'의 의미로 쓰인다.

44

소리 내어 읽고 마음으로 느끼며 적어보세요.

Grammar Sense

| '~동안'을 의미하는 전치사 for, in, during의 차이 |

- for는 '지속된 기간'을 나타낸다. 즉, '~동안 계속해서'의 의미이다. 목적어로는 숫자나 구체적인 기간을 나타내는 단어가 온다. 따라서 for a year는 '1년 동안 계속'을 뜻한다. 〈시간의 길이〉에 초점을 둔다.
- in의 기본 의미는 '~안에서'이다. 목적어로 '기간'이 올 수도 있지만, 이때는 '그 기간 동안 계속'이 아니라 '그 기간 내에'의 뜻이다. 따라서 in these next few months는 '다가올 몇 달 안에'를 뜻하며, 이를 자연스럽게 의역하면 '앞으로 몇 달 동안'이 된다. 〈시간의 범위(틀)〉에 초점을 둔다.
- during은 '특정한 시기나 사건 속의 한때'를 나타낸다. 즉, '그 시기 중 어느 때에'라는 의미이다. during your previous life는 '당신이 살아온 생애 속 한때에'를 뜻하며 '생애 동안'으로 의역된다. 〈특정 시기 속 순간〉에 초점을 둔다.

Start being yourself.

I changed overnight! I started being myself. I tried to make a study of my own personality. Tried to find out what I was. I studied my strong points. I learned all I could about colors and styles, and dressed in a way that I felt was becoming to me. I reached out to make friends.

*overnight 하룻밤 사이에 *make a study of ~을 연구하다 *personality 성격 *becoming 잘 어울리는
*reach out 손을 내밀다, 다가가다

진정한 자신의 모습으로 살기 시작하라.

나는 하룻밤 사이에 달라졌어요. 진짜 내 자신으로 살기 시작했죠. 내 성격을 분석하듯 연구하며, 내가 어떤 사람인지 알아내려 했어요. 내 장점을 분석했어요. 색감과 스타일에 대해 배울 수 있는 건 전부 배웠어요. 그리고 나에게 가장 잘 어울린다고 느껴지는 방식으로 옷을 입었죠. 또한 사람들에게 다가가 친구를 사귀려 노력했어요.

Word Focus

| be myself의 정확한 의미 |

- 직역하면 '나 자신이 되다'이다. 여기서 '나 자신'은 '본래의 나', 즉 '진짜 나'를 의미한다.
- 따라서 남의 시선이나 기대에 맞추지 않고 자신의 가치관에 따라 행동하는 것을 뜻한다.
- 결국 be myself는 '진짜 나로 살다', '나답게 굴다', '있는 그대로의 나로 있다' 등으로 해석할 수 있다.

45

소리 내어 읽고 마음으로 느끼며 적어보세요.

Grammar Sense

| 동사구의 올바른 이해: find out, reach out |

- 동사구는 '동사+부사' 또는 '동사+전치사'의 형태를 말하며 단순한 단어의 조합이 아니라 '하나의 의미 단위'로 봐야 한다.
- find out에서 find는 '눈에 보이는 대상을 찾다'를 의미하는 동사이며 out은 '숨겨진 것을 밖으로', '끝까지' 등의 의미를 갖는 부사이다. 이 둘을 조합하면 '알려지지 않았던 것을 끝까지 찾아서 알아내다'의 의미를 전하게 된다. 눈에 보이지 않는 내용을 찾는 것이다. 그래서 흔히 '알아내다'로 해석한다.
- reach out에서 reach는 '도달하다', '손을 뻗다' 등을 의미하는 동사이며 out은 '밖으로'를 뜻하는 부사이다. 이 둘을 조합하면 '어딘가 도달하기 위하여 손을 밖으로 뻗다'가 된다. 실제로 손을 뻗는 물리적인 경우에도 쓰지만 '마음을 내밀다'의 추상적 의미까지 확장되어 '다가가다'로 흔히 해석된다.

We live far within our limits.

The average person develops only ten per cent of his or her latent mental abilities. Compared to what we ought to be, we are only half awake. We are making use of only a small part of our physical and mental resources. Stating the thing broadly, human individuals thus live far within their limits. They possess powers of various sorts which they habitually fail to use.

*latent 잠재된 *compared to ~에 비하면 *what we ought to be 우리가 마땅히 되어야 할 존재
*make use of ~을 이용하다 *resources 자원, 능력

우리는 잠재력에 훨씬 못 미치는 삶을 산다.

보통 사람은 자기 안에 잠재된 능력 중 겨우 10퍼센트만을 쓰며 산다. 우리가 도달해야 할 수준에 비하면, 우리는 아직 반밖에 이르지 못한 상태다. 우리는 신체적, 정신적 잠재력의 일부만을 활용하며 살아간다. 크게 보아, 인간은 결국 자신이 가진 한계 안에서도 한참 미치지 못한 삶을 산다. 사람들은 다양한 형태의 힘을 지니고 있으면서도 그것을 습관적으로 사용하지 못한 채 지낸다.

Word Focus

| develop의 정확한 의미 |

- 어원적으로 de-(=against)+velop(=to envelop) 즉, '덮개를 벗기다'의 의미를 가진다.
- 따라서 이미 잠재되어 있던 것이 겉으로 모습을 드러내며 점진적으로 펼쳐지는 과정을 의미한다.
- 이 의미에서 파생되어 '발전하다', '성장하다', '전개하다', '드러내다', '개발하다', '계발하다' 등 다양한 뜻으로 쓰인다.

46

소리 내어 읽고 마음으로 느끼며 적어보세요.

Grammar Sense

| 분사구문이 필요한 이유 |

Compared to what we ought to be, we...

- 말은 다소 길어질 수도 있지만 글은 가급적 간결하게 쓰는 것이 좋다.
- 문장을 간결하게 만드는 데 결정적인 역할을 하는 것이 바로 분사구문이다.
- 주절의 동사를 수식하는 부사절이 길어지면 글이 산만해진다. 따라서 부사절을 가능한 한 간결하게 줄여 주절의 동사를 수식하는 것이 바람직하다.
- 다만, 분사구문이 성립되려면 주절의 주어와 부사절의 주어가 동일해야 한다. 그래야 부사절의 접속사와 주어를 생략하면서도 문장의 의미가 자연스럽게 이어진다.
- 분사구문에는 현재분사구문과 과거분사구문이 있다.
- 본문에서는 과거분사인 compared가 쓰였으므로, 이 경우에는 과거분사구문에 해당한다.

You are something new in this world.

You are something new in this world. Be glad of it. Make the most of what nature gave you. In the last analysis, all art is autobiographical. You can sing only what you are. You can paint only what you are. You must be what your experiences, your environment, and your heredity have made you.

*be glad of ~을 기뻐하다 *in the last analysis 결국, 궁극적으로 *autobiographical 자전적인 *heredity 유전

당신은 이 세상에서 완전히 새로운 존재이다.

당신은 이 세상에서 단 한 번도 존재한 적 없는 새로운 존재다. 그 사실을 기뻐하라. 당신에게 주어진 타고난 모습을 최대한 살리며 살아가라. 결국 모든 예술은 자기 자신을 드러내는 일이다. 사람은 결국 자신에게서 우러나온 것만을 노래하고, 자신에게서 비롯된 것만을 그릴 수 있다. 그러니 당신은 당신의 경험과 환경, 그리고 유전이 만들어 낸 그 존재 그대로여야 한다.

Word Focus

| make the most of ~의 정확한 의미 |

- make는 '뭔가를 애써 만들다'의 의미이다.
- the most of는 '~의 가장 많은 부분', '~의 최대의 정도'의 의미이다.
- 따라서, make the most of는 '~에서 가장 큰 이익이나 가치를 끌어내다'의 의미를 가지며, 결국 '주어진 환경이나 기회, 재능 등을 최대한 잘 활용하다'의 뜻으로 사용된다.

47

소리 내어 읽고 마음으로 느끼며 적어보세요.

Grammar Sense

| 명령문이 주는 뉘앙스 |

1) Be glad of it. 2) Make the most of what nature gave you.
- 명령문의 형태는 주어 you를 생략하고 동사로 시작한다.
- 명령문이라고 무조건 딱딱한 '명령조'의 문장은 아니다.
- 상황과 말투에 따라서 격려, 조언, 당부 등의 정서로 변한다.
- 본문은 단호하면서도 따뜻한 인생 조언에 해당된다.

You are worthy of attention.

When you are kicked and criticized, remember that it is often done because it gives the kicker a feeling of importance. It often means that you are accomplishing something and are worthy of attention. Many people get a sense of savage satisfaction out of denouncing those who are better educated than they are or more successful.

*kicked and criticized 공격과 비난을 당하는 *accomplish 목표를 달성하다 *worthy of attention 주목받을 가치 있는 *savage 잔혹한 *better educated 교육 수준이 높은

당신은 주목받을 만큼 가치 있는 사람이다.

누군가 당신을 공격하거나 비난한다면, 그것이 종종 그 사람이 자신의 존재감을 확인하기 위해서 그렇게 하는 것임을 기억하라. 그런 비난은 오히려 당신이 무언가를 이루고 있으며, 주목받을 만큼 가치 있는 사람이라는 뜻이기도 하다. 많은 사람들은 자기보다 더 많이 배웠거나 더 성공한 사람을 깎아내림으로써 일종의 잔혹한 만족감, 즉 왜곡된 우월감을 느낀다.

Word Focus

| denounce의 정확한 의미 |

- 어원적으로는 de-(=completely)+nounce(=to declare), 즉 '공개적으로 완전히 드러내다'라는 의미에서 유래했다.
- 일상적인 비판(criticize)보다 도덕적이고 공적인 비난의 의미가 훨씬 강해서 '공개적으로 규탄하다', '폭로하다', '고발하다'의 뜻을 가진다.

48

소리 내어 읽고 마음으로 느끼며 적어보세요.

Grammar Sense

| be worthy of에 쓰인 전치사 of |

- 전치사 of는 소속, 원인, 대상, 성질 등을 나타낸다.
- 그중 be worthy of에서의 of는 성질이나 가치, 속성 등이 어떤 '대상'에 관련되어 있는지를 보여준다.
- 따라서 He is worthy of attention.은 '그가 관심이라는 대상에 관련되어 있다'는 뜻이며 자연스럽게 해석하면 "그는 관심과 주목의 대상이 될 만한 가치가 있다."가 된다.

Let's be original.

If we hear that someone has spoken ill of us, let's not try to defend ourselves. Every fool does that. Let's be original—and humble—and brilliant! Let's confound our critic and win applause for ourselves by saying: "If my critic had known about all my other faults, he would have criticized me much more severely than he did."

*speak ill of ~을 험담하다 *defend oneself 자기 방어하다, 스스로를 변호하다 *original 독창적인
*confound 당황하게 만들다 *applause 박수, 칭찬

변명 대신 독창적인 태도로 대응하자.

누군가 우리를 험담했다는 말을 듣게 되면, 스스로를 변호하려 하지 말자. 그런 건 누구나 하는 어리석은 짓이다. 우리는 독창적이고, 겸손하며, 지혜롭게 대처하자! 우리를 비난한 사람을 혼란스럽게 만들고, 오히려 박수를 받을 수 있도록 이렇게 말해보자. "그가 내 다른 결점들까지 알았다면, 이번보다 훨씬 심하게 나를 비난했을 거야."

Word Focus

| confound의 정확한 의미 |

- 어원적으로는 con-(=together)+found(=to pour)에서 유래하여 '함께 붓다' 즉, '서로 섞어서 구분이 안 되게 하다'의 의미를 갖는다.
- 이 뜻에서 발전하여 '혼란스럽게 하다', '당황하게 만들다'의 의미로 사용된다.
- 주로 상대를 예상치 못한 말이나 행동으로 당황하게 만들 때 사용한다.

49

소리 내어 읽고 마음으로 느끼며 적어보세요.

Grammar Sense

| speak ill of의 의미를 구성하는 구조 |

- speak는 동사로서 '말하다'의 의미를 갖는다.
- ill은 형용사가 아니라 부사로, '나쁘게', '좋지 않게'의 뜻을 지니며 동사 speak를 수식한다. 따라서 speak ill은 '나쁘게 말하다'의 의미가 된다.
- of는 전치사로 '~에 대해'를 뜻한다.
- 따라서 speak ill of는 '~에 대해서 나쁘게 말하다', 즉 '험담하다'의 의미를 갖게 되었다.

Part 9

Thoughts on Criticism and Other People

Little pitchers have big ears.

Let us remember that to raise grateful children, we have to be grateful. Let us remember "little pitchers have big ears"—and watch what we say. To illustrate—the next time we are tempted to belittle someone's kindness in the presence of our children, let's stop.

*have big ears 귀가 밝다 *illustrate 예를 들어 설명하다 *be tempted to ~하고 싶은 유혹이 들다
*belittle 폄하하다 *in the presence of ~의 앞에서, ~이 있는 자리에서

작은 항아리도 귀가 크다.

감사할 줄 아는 아이로 키우려면, 우리 자신이 먼저 감사할 줄 알아야 한다는 것을 명심하자. 또한 "작은 항아리도 귀가 크다"는 속담처럼, 아이들은 우리가 하는 말을 다 듣고 있다는 사실을 기억하고 말을 조심하자. 예를 들어, 다음번에 아이들 앞에서 누군가의 친절을 깎아내리고 싶은 유혹이 들 때는, 그 말을 멈추자.

Word Focus

| belittle의 정확한 의미 |

- little은 '적은', '중요도가 낮은' 등의 의미를 갖는 형용사이다.
- 여기에 접두어 be-가 붙으면 동사가 되어 '가치를 낮추다', '하찮게 여기다', '무시하다', '비하하다' 등의 의미를 갖게 된다.
- 유사한 느낌의 어휘들로 undermine(우회적으로 공격하여 상태를 약화시키다), disparage(평균 이하로 무시하거나 경멸조로 말하다) 등이 자주 쓰인다.

50

소리 내어 읽고 마음으로 느끼며 적어보세요.

Grammar Sense

| Let's와 Let us의 차이 |

- Let us를 축약시킨 형태가 Let's이다. 둘의 기본 의미는 같다. 그러나 실제 쓰임에는 차이가 있다.
- Let's는 일상 대화에서 사용되며 Let us는 문학적인 글, 연설문, 또는 교육이나 도덕적인 면을 강조하는 문장들 속에서 사용된다.
- Let's는 제안이나 권유에 해당되고 Let us는 결의나 당부의 강조, 또는 명령의 느낌이 매우 강하다.
- Let's는 친근한 느낌이며 Let us는 진지하고 엄숙한 느낌이다.

You ought to be ashamed of yourself.

You ought to be ashamed of yourself. You take on as if you were the only person in the world with troubles. Suppose you do have to shut up shop for a while—so what? You can start up again when things get normal. You've got a lot to be thankful for. Yet you are always growling. If you don't stop your growling and grumbling, you will lose not only your business, but also your health, your home, and your friends!

*be ashamed of ~을 부끄러워하다 *take on ~한 태도를 취하다 *suppose ~라고 가정하다
*shut up shop 가게 문을 닫다 *start up 다시 시작하다

부끄러운 줄 알아라.

너는 부끄러운 줄 알아야 해. 세상에서 고민이 있는 사람이 너 하나뿐인 것처럼 행동하잖아. 가게 문을 잠시 닫아야 한다고 해서 그게 뭐 어쨌다고? 상황이 정상으로 돌아오면 다시 시작할 수 있잖아. 넌 감사할 게 정말 많아. 그런데도 늘 성질만 부리고 있지. 그렇게 계속 불평하고 짜증내면, 사업뿐 아니라 건강도, 집도, 친구들도 다 잃게 될 거야.

Word Focus

| growl과 grumble의 의미 차이 |

- growl은 짐승이 '으르렁거리다'의 어원적 의미를 가진다.
- 여기에서 파생되어 '소리를 지르며 성내고 짜증내다'의 뜻을 갖게 되었다.
- grumble은 '낮게 중얼거리다'의 어원적 의미를 가진다.
- 여기에서 파생되어 '작게 투덜거리다'의 뜻을 갖게 되었다.
- 감정의 강도를 비교하자면 growl은 강하고 grumble은 약하다.

51

소리 내어 읽고 마음으로 느끼며 적어보세요.

Grammar Sense

| You are always growling.과 You always growl. 시제의 차이 |

- 현재시제에는 '습관과 버릇'의 의미가 포함되어 있다. 따라서 You always growl. 이라고 하면 "너는 늘 성내고 불평하는 게 버릇이야."로 해석된다. 단순히 '너의 버릇과 습관'을 말해주는 것이다.
- You are always growling.처럼 진행형을 쓰면 '봐 너 지금도 그러고 있잖아'의 느낌이 추가되어 단순히 '평소의 습관'을 말해주는 게 아니라 그 습관적인 행동이 지금도 일어나고 있음을 비판하며 짜증스럽게 말해주는 것이다. 따라서, "도대체 너는 왜 맨날 그렇게 성내고 짜증만 내는 거냐?" 정도로 이해할 수 있다.

Be good to others.

"Be good to others." What's in it for you? Much greater happiness! Greater satisfaction, and pride in yourself! Aristotle called this kind of attitude "enlightened selfishness." And Benjamin Franklin summed it up very simply—"When you are good to others, you are best to yourself."

*be good to ~에게 친절하게 대하다 *What's in it for you? 그게 너에게 무슨 이익이 있는데?
*pride in yourself 자신에 대한 자부심 *enlightened selfishness 깨달은 이기심, 지혜로운 이타심

사람들을 따뜻하게 대하라.

"사람들을 따뜻하게 대하라." 그렇게 하면 당신에게 어떤 이익이 있을까? 훨씬 더 큰 행복! 더 큰 만족감, 그리고 자신에 대한 자부심이 생길 것이다. 아리스토텔레스는 이러한 태도를 "지혜로운 이타심"이라 불렀다. 그리고 벤자민 프랭클린은 이를 간단히 말했다. "사람들에게 잘할 때, 당신은 스스로에게 가장 잘하는 것이다."

Word Focus

| pride in yourself의 정확한 의미 |

- pride는 '자부심', '자랑스러움' 등의 의미이다.
- in yourself는 '너 자신에 대해서'를 뜻한다.
- 따라서 pride in yourself는 '너 자신에 대한 자부심'이다.
- 긍정적이며 건강한 자존감을 나타낸다.

52

소리 내어 읽고 마음으로 느끼며 적어보세요.

Grammar Sense

| 부사 much의 활용: much greater |

- 셀 수 없는 명사의 '양이 많음'을 나타낼 때는 형용사로 쓰인다. much time은 '많은 시간', much happiness는 '많은 행복'을 뜻한다.
- 비교급을 강조하는 부사로도 쓰인다. 본문에 쓰인 much greater happiness는 '훨씬 더 큰 행복'을 의미한다. 이때 much는 '양이 많음'이 아니라 '정도의 차이를 강조'하는 역할로, happiness가 아니라 greater를 수식한다.

Take an interest in people.

Thinking of others will not only keep you from worrying about yourself; it will also help you to make a lot of friends and have a lot of fun. I find that taking an interest in people makes them beam with pleasure. A Chinese proverb puts it this way: "A bit of fragrance always clings to the hand that gives you roses."

*keep you from worrying 너를 걱정하지 않게 막아주다 *I find that… ~라는 사실을 깨닫다
*take an interest in ~에 관심을 갖다 *beam 얼굴이 빛나다 *cling to ~에 달라붙다, 붙잡다

주변 사람들에게 관심을 보여라.

다른 사람을 생각하는 마음은 자신에 대한 걱정을 덜어줄 뿐 아니라, 더 많은 친구를 사귀고 삶을 즐겁게 만들어 준다. 사람들에게 관심을 건네면 그들의 얼굴에는 기쁨의 빛이 피어난다. 중국 속담은 이렇게 말한다. "장미를 주는 손에는 언제나 그 향기가 남는다."

Word Focus

| cling to의 정확한 의미 |

- 동사 cling은 본래 '달라붙다', '붙어있다'는 의미를 갖는다.
- 여기에 방향과 대상을 나타내는 전치사 to가 결합하면서 '~을 꽉 붙잡다', '의지하다', '집착하다'의 뜻으로 확장되었다.
- 이 표현은 물리적, 정신적, 심리적 상황 모두에 쓰이며, '떨어지지 않으려는 강한 의지와 애착'을 드러낸다.

53

소리 내어 읽고 마음으로 느끼며 적어보세요.

Grammar Sense

| 사역동사 make의 의미: make them beam |

- 사역동사는 '어떤 행동이나 변화를 유발시키는 동사'를 말한다. 이때 유발의 방식에는 '강요(make)', '허락(let)', '부탁 또는 위임(have)' 등이 있다.
- 그 중 make는 단순히 '강제로 시키다'는 뜻에 그치지 않고, '자연스러운 결과를 이끌다', 또는 '감정의 변화를 유발하다'의 의미로도 쓰인다. 본문에서는 바로 이런 감정의 유발 기능이 나타나 있다.
- 사역동사의 목적보어로 동사원형을 쓰는 이유는 그것이 to 부정사처럼 '미래의 행동'을 예고하는 것이 아니라 '지금 즉시 일어나야 하는 변화나 반응'을 나타내기 때문이다. 이는 명령문에서 동사원형을 사용하는 원리와도 같다.

No one ever kicks a dead dog.

A young man had worked his way through Yale. Now, only eight years later, he was being inaugurated as president of the University of Chicago. His age? Thirty. Incredible! The older educators shook their heads. Criticism came roaring down upon this "boy wonder" like a rockslide. Even The newspapers joined in the attack. His father said, "it was severe, but remember that no one ever kicks a dead dog."

*work one's way through 일을 하며 ~을 어렵게 마치다 *inaugurate 취임시키다 *come down upon ~에게 쏟아지다 *roaring 엄청난 세기로 *rockslide 산사태 *No one ever kicks a dead dog. 무능한 사람은 아무도 건드리지 않는다.

아무도 죽은 개를 걷어차지 않는다.

한 젊은이가 일을 하며 예일대를 어렵게 졸업했다. 그리고 단 8년 만에, 그는 시카고대학교의 총장으로 취임하게 되었다. 그의 나이? 서른 살이었다. 믿기 어려운 일이었다. 연로한 교육자들은 고개를 저었다. 비난이 산사태처럼 이 "신동 총장"에게 쏟아졌다. 신문들까지 그 공격에 가세했다. 그의 아버지는 말했다. "비난이 심하겠지만, 기억해라. 아무도 죽은 개를 걷어차지는 않는다."

Word Focus

| criticism의 정확한 의미 |

- 판단이나 평가의 행위로, 부정적 의미에 국한되지 않고 긍정적인 의미도 포함한다.
- 따라서 '비난', '비평', '평가', '조언'의 뜻을 모두 내포한다.
- 그러나 일상적인 문맥에서는 대체로 '부정적인 비난'의 의미로 사용된다.

54

소리 내어 읽고 마음으로 느끼며 적어보세요.

Grammar Sense

| 과거진행 수동태 |

He was being inaugurated as...

- 동사 inaugurate는 '취임시키다'를 의미하는 타동사이다.
- 따라서 수동형 be inaugurated는 '취임되다', '임명되다'의 뜻을 갖는다.
- be inaugurated의 진행형은 being inaugurated이며, 여기에 과거시제를 더하면 was being inaugurated가 된다.
- 직역하면 '취임되고 있는 중이었다'이며, 문맥에 따라 '취임되었다'로 자연스럽게 의역된다.

People are not concerned about you.

People are not thinking about us or caring what is said about us. They are thinking about themselves—before breakfast, after breakfast, and right on until ten minutes past midnight. They would be a thousand times more concerned about a slight headache of their own than they would about the news of your death or mine.

*care ~에 대해 신경 쓰다 *right on until 쭉 계속해서 ~까지 *slight 약간의, 경미한 *of one's own 자기 자신의

사람들은 당신 걱정을 해주지 않는다.

사람들은 우리에 대해 고민하거나 무슨 말이 오가는지 신경쓰지 않는다. 그들은 오직 자기 자신을 생각한다. 아침을 먹기 전에도, 아침을 먹고 나서도, 그리고 자정을 훌쩍 넘길 때까지 계속. 그들에게는 자기 머리가 약간 아픈 일이, 당신이나 내가 죽었다는 소식보다 천 배는 더 중요하고 염려할 일이다.

Word Focus

| concerned의 정확한 의미 |

- 어원적으로는 con-(=together)+concerned(=to separate), 즉 '함께 구분하다'에서 유래했다. 서로 관련되어 있다는 뜻이다.
- 이 의미에서 발전하여 '남과 무관하지 않은', '남을 염려하는', '남의 일에 신경 쓰는'의 의미로 확장되었다.
- 의미적으로는 감정적인 면이 강조되는 worried에 비해서 이성적이고 책임감 있는 진지한 관심이나 염려를 나타낸다.

55

소리 내어 읽고 마음으로 느끼며 적어보세요.

Grammar Sense

| 부사 on의 의미: right on until ~ |

- 행동이나 상태가 계속 이어짐을 의미한다. 본문 They are thinking about themselves right on until ~에서 right on until의 앞부분이 생략되었지만 문맥상 think가 반복된 것으로 이해되어 think on 즉, '생각의 지속'을 나타낸다.
- on이 전치사로 쓰일 때는 뒤에 목적어가 오지만 부사로 쓰일 때는 목적어를 취하지 않는다.

Never be bothered by what people say.

Never be bothered by what people say, as long as you know in your heart you are right. The only way we can avoid all criticism is to be like a Dresden-china figure and stay on a shelf. Do what you feel in your heart to be right—for you'll be criticized, anyway. You'll be 'damned if you do, and damned if you don't.'

*be bothered 신경 쓰다, 불편해 하다 *avoid 피하다 *Dresden-china figure 드레스덴 도자기 인형(독일 드레스덴의 자기 인형: 깨지기 쉽고 움직이지 않는 존재의 비유) *damned 비난 받은, 비판 받는

사람들 말에 절대 신경 쓰지 마라.

사람들이 뭐라 하든 마음에 두지 마라. 마음속으로 스스로 옳다고 믿는 한, 그걸로 충분하다. 모든 비판을 피할 수 있는 유일한 방법은 드레스덴 도자기 인형처럼 선반 위에 앉아 아무 일도 하지 않는 것이다. 그러니 마음이 옳다고 느끼는 일을 하라. 어차피 비난은 피할 수 없다. 세상은 당신이 무언가를 해도 비난하고, 하지 않아도 비난할 것이다.

Word Focus

| bother의 정확한 의미 |

- 어원적으로는 '소란을 피우다', '혼란을 일으키다'의 의미를 갖는다. 여기에서 '불편하게 하다', '귀찮게 하다'로 발전했다.
- be bothered의 형태로 쓰이면 '신경 쓰이다', '마음이 불편하다'는 의미가 된다.

56

소리 내어 읽고 마음으로 느끼며 적어보세요.

Grammar Sense

| Do what you feel to be right.의 문장 구조 |

- 이 문장은 You feel the thing will be right.에서 출발한다. "너는 그 일이 옳을 거라고 생각한다."는 의미이다.
- 이를 명령문 형태로 바꾸면 Do the thing (that) you feel will be right. 즉, "네가 옳다고 느끼는 일을 하라."가 된다.
- 여기에서 the thing that을 what으로 바꾸면 Do what you feel will be right.이 된다.
- 마지막으로 '미래적 판단'을 나타내는 to 부정사를 사용하여 will을 대신하면 Do what you feel to be right.이 되는 것이다.

Part 10

Thoughts on Effort, Learning, and Self-Examination

Do the very best you can.

"If I were to try to read, much less to answer, all the attacks made on me, this shop might as well be closed for any other business. I do the very best I know how—the very best I can; and I mean to keep on doing so until the end. If the end brings me out all right, then what is said against me won't matter. If the end brings me out wrong, then ten angels swearing I was right would make no difference."

*much less to 하물며 ~은 말할 것도 없고 *made on me 나를 향한 *shop 나의 일터 *might as well ~나 다름없다 *bring out all right 좋은 결과로 이끌다 *make no difference 소용없다, 아무 의미 없다

최선을 다하라.

내가 나를 향한 모든 비난을 일일이 읽고, 심지어 그것에 대해 일일이 답하려 든다면, 정작 해야 할 일은 하나도 하지 못해 이 일터는 문 닫은 거나 다름없을 것이다. 나는 지금 내가 아는 한도 안에서, 내가 할 수 있는 최선을 다하고 있다. 그리고 마지막 순간까지 그렇게 계속할 생각이다. 만약 끝에 가서 내가 옳았다는 것이 드러난다면, 나를 향한 모든 비난은 아무 의미도 없을 것이다. 그러나 만약 결과가 나를 잘못된 사람으로 드러낸다면, 열 명의 천사가 내가 옳았다고 맹세해도 그것은 아무런 소용이 없을 것이다.

Word Focus

| might as well의 정확한 의미 |

- 흔히 '차라리 ~하는 게 낫다'의 의미로 쓰이며, 체념이나 타협의 느낌을 담고 있다.
- 그러나 본문에서는 '결국 ~와 다를 바 없다'의 의미로 쓰였다. 실제로 일어난 일은 아니지만 결과적으로는 똑같다는 헛됨과 무익함의 느낌을 준다.

57

소리 내어 읽고 마음으로 느끼며 적어보세요.

Grammar Sense

| 가정법은 언제, 왜 사용하는가? |

- 가정법은 현실을 벗어나 가상의 상황을 상상하는 도구이다.
- 현실로부터의 거리감을 표현하기 위해서 '과거시제'를 이용한다. 단순히 과거의 시간을 의미하는 것이 아니라 '현재로부터 떨어져 있는 심리적 거리감'을 나타내는 것이다.
- 그래서 가정법 과거는 '현재의 사실과 반대되는 상황'을 표현한다고 설명하게 된 것이다.
- 그렇다면 왜 가정법 과거에서는 If I was가 아니라 If I were라고 할까?
- If I was는 실제 일어났거나 일어날 가능성이 있는 일을 말할 때 쓴다.
- 그러나 가정법은 현실과 거리가 멀고 일어날 가능성이 거의 없는 일을 상정하기 때문에 비현실성을 명확히 구분하기위해 was 대신 were를 사용한다.

I am to blame for my misfortunes.

I used to blame my troubles on other people; but as I have grown older—and wiser, I hope—I have realized that I myself, in the last analysis, am to blame for almost all my misfortunes. Lots of people have discovered that, as they grow older. Napoleon at St. Helena said, "No one but myself can be blamed for my fall. I have been my own greatest enemy—the cause of my own disastrous fate."

*misfortune 불행, 불운 *discover 깨닫다 *but ~외에는, ~을 제외하고는 *fall 몰락
*disastrous fate 비극적인 운명

내 불행의 책임은 내게 있다.

예전에는 늘 내 문제들을 남 탓으로 돌렸다. 하지만 나이가 들고, 그리고 아마도 바라건대, 조금은 더 현명해지면서, 결국 내 인생의 거의 모든 불행은 내 탓이었다는 걸 깨달았다. 많은 사람들이 나이가 들면서 같은 사실을 깨닫게 된다. 나폴레옹은 세인트 헬레나 섬에서 이렇게 말했다. "나의 몰락은 나 자신 외에는 누구의 탓도 아니다. 나는 내 인생의 가장 큰 적이었고, 내 비극적인 운명의 원인이었다."

Word Focus

| disastrous의 정확한 의미 |

- 어원적으로는 dis-(=away, not)+astro(=star) 즉, '별에서 멀어진 상태', '별이 불리하게 배열된 상태'를 의미한다. 이는 곧 '불길한 별의 영향으로 불운한', '운이 매우 나쁜'을 뜻했다.
- 이러한 의미에서 발전하여 '파멸을 초래하는', '재앙과 같은'의 뜻으로 쓰이게 되었다.
- 고대인들은 하늘을 신성한 세계로 여겼으며 별은 신이 인간에게 보내는 언어, 곧 '신의 메시지'로 이해되었다.

58

소리 내어 읽고 마음으로 느끼며 적어보세요.

Grammar Sense

| 불완전 자동사 grow의 활용: grow older |

- grow가 완전 자동사로 쓰일 때는 '자라다', '성장하다'의 의미를 갖는다.
- grow가 타동사로 쓰일 때는 '~을 기르다', '~을 재배하다'의 의미로 쓰인다.
- 본문에서는 뒤에 형용사가 붙어서 의미를 완성하는 불완전 자동사로 쓰였다. 이 때는 '~의 상태가 되다', '점점 ~하게 되다'의 의미를 갖는다.

Devote some time to self-examination.

I devote a part of each Saturday evening to self-examination and a review and appraisal of my work during the week. After dinner, I go off by myself, open my engagement book, and think over all the inter-views, discussions, and meetings that have taken place since Monday morning.

*devote 전념하다, ~에 바치다 *self-examination 자기성찰 *a review and appraisal 검토와 평가 *go off by myself 혼자만의 시간을 갖다 *engagement book 일정표 *think over 곰곰이 생각하다

자신을 돌아보는 시간을 가져라.

나는 매주 토요일 저녁의 한때를 자신을 돌아보고 한 주간의 일을 되짚어 보며 평가하는 시간으로 삼는다. 저녁 식사 후에, 혼자 조용히 자리에 앉아 업무 수첩을 펼치고 월요일 아침 이후 있었던 모든 면담과 토론, 그리고 회의들을 차분히 떠올려 본다.

Word Focus

| take place의 정확한 의미 |

- 직역하면 '자리를 차지하다'라는 뜻으로, 어떤 일이 정해진 자리를 차지하며 일어나는 느낌을 준다.
- 따라서 우연히 일어난 것이 아니라 예정된 일이 실제로 진행되는 것을 의미한다.
- 같은 '일어나다'라도 우연성을 강조하는 happen과는 구별해서 사용해야 한다.

59

소리 내어 읽고 마음으로 느끼며 적어보세요.

Grammar Sense

| 부사 over의 활용: think over |

- 전치사 over와 혼동하지 않도록 주의한다.
- 부사 over는 '반복해서', '전반적으로'의 의미를 갖는다.
- 따라서 think over는 '반복해서 전반적으로 생각하다' 즉, '곰곰이 생각하다'의 뜻으로 쓰인다.

Be eager to learn even from criticism.

The small man flies into a rage over the slightest criticism, but the wise man is eager to learn from those who have censured him and reproved him and "disputed the passage with him."

*small man 그릇이 작은 사람, 속이 좁은 사람 *fly into a rage 갑자기 격분하다, 불같이 화내다
*censure 비난하다 *reprove 꾸짖다 *dispute the passage with ~의 견해에 이의를 제기하다

비판조차도 배움의 기회로 삼아라.

그릇이 작은 사람은 사소한 비판에도 격분하지만, 현명한 사람은 자신을 비난하고 꾸짖으며 "자기 견해에 이의를 제기한" 사람에게서도 배우려 한다.

Word Focus

| eager의 정확한 의미 |

- 어원적으로는 '날카로운', '예리한', '열렬한'의 의미를 갖는다.
- 지금은 '간절히 바라는', '열망하는', '매우 열심인'의 뜻으로 쓰인다.
- 단순히 '원하다'의 의미를 지닌 want와는 달리, eager는 강한 열정과 기대감이 내포된 어휘이다.

60

소리 내어 읽고 마음으로 느끼며 적어보세요.

Grammar Sense

| 전치사 over의 활용: over the slightest criticism |

- over의 여러 의미 중에서 본문에서는 '주제' 또는 '원인'의 의미로 쓰이고 있다.
- 그럴 때는 '어떤 문제를 놓고', '어떤 일 때문에'로 해석되어, 본문은 '사소한 비판 때문에', '사소한 비판으로 인해'로 이해한다.
- 주제를 말할 때 흔히 about과 비교된다. about은 단순히 '주제'를 나타내지만 over는 그 주제를 두고 의견 충돌이나 감정적 대립이 생기는 상황을 강조한다.

Let's be our own most severe critic.

Instead of waiting for our enemies to criticize us or our work, let's beat them to it. Let's be our own most severe critic. Let's find and remedy all our weaknesses before our enemies get a chance to say a word.

*beat them to it 그들보다 먼저 그것을 하다 *severe critic 엄격한 비평가 *remedy 치료하다, 바로잡다 *weakness 약점, 결점

스스로에게 가장 엄격한 비평가가 되자.

적들이 우리나 우리의 일을 비판하기를 기다리지 말자. 우리가 먼저 나서서 스스로를 비판하자. 자신에게 가장 엄격한 비평가가 되자. 우리의 모든 약점을 찾아 고치고, 적들이 한마디도 입을 열지 못하게 하자.

Word Focus

| beat의 정확한 의미 |

- 어원적으로는 '계속 때리다', '두드리다'의 의미를 가진다.
- 이 뜻에서 발전하여 '이기다', '앞서다, '능가하다'의 의미로 확장되었다.
- 본문에 쓰인 beat them to it은 '그 일에서 그들을 앞지르다' 즉, '선수를 치다', '그들보다 먼저 그 일을 하다'의 관용적 의미를 갖는다.

61

소리 내어 읽고 마음으로 느끼며 적어보세요.

Grammar Sense

| 전치사 뒤에는 왜 반드시 명사가 와야 하는가? |

- 전치사는 다른 단어 앞에 놓여서(preposition) 그 단어와의 관계를 나타내는 말이다.
- 이때 전치사가 맺는 관계는 명사와의 관계이지 동사나 형용사와는 관계를 맺을 수 없다.
- 따라서 전치사는 관계의 대상이 되는 명사를 반드시 동반해야 완전한 의미를 이룬다.
- 전치사 뒤에 동사가 와야 할 경우에는, 동사의 명사형인 동명사가 온다.

Let's ask for unbiased, constructive criticism.

When a soap salesman failed to make a sale, he would go back to the merchant and say: "I haven't come back here to try to sell you any soap. I have come back to get your advice and your criticism. Won't you please tell me what I did that was wrong when I tried to sell you soap a few minutes ago? Please give me your criticism. Be frank. Don't pull your punches."

*unbiased 편견 없는 *constructive 건설적인 *make a sale 판매하다 *merchant 가게 주인
*frank 솔직한 *pull one's punches 사정 봐주다

편견 없는 건설적인 비판을 구하자.

한 비누 판매원이 있었다. 그는 비누를 팔지 못했을 때면 늘 가게 주인에게 다시 찾아가 이렇게 말했다. "비누를 팔려고 다시 온 게 아닙니다. 당신의 조언과 비판을 듣기 위해 왔습니다. 조금 전에 제가 비누를 팔려 했을 때 어떤 부분에서 오류가 생겨 구입하지 않으셨는지 말씀해 주시겠습니까? 솔직하게 말씀해 주세요. 사정 보지 말고, 있는 그대로 말씀해 주세요."

Word Focus

| pull one's punches의 정확한 의미 |

- 권투 용어에서 출발한 관용구이다.
- '주먹을 뻗어 있는 힘껏 상대를 가격하지 않고, 뻗은 주먹을 당기다'가 직역이며, 이는 '상대를 다치지 않게 하려고 일부러 약하게 치다'라는 뜻이다.
- 여기에서 발전하여 '상대의 사정을 봐주다', '돌려 말하다', '완곡하게 표현하다'의 의미로 쓰이게 되었다.

62

소리 내어 읽고 마음으로 느끼며 적어보세요.

Grammar Sense

| 조동사 would의 의미와 활용 |

- 과거에 습관적으로 반복되던 행동을 말할 때 사용된다.
- 흔히 used to와 비교되는데, would는 주로 행동 중심, used to는 상태까지 포함한다.
- would는 문어체적 어휘로, 과거를 회상하며 '그땐 그랬지'의 느낌을 줄 때 자주 쓰인다. 반면에 used to는 구어체에서 일상적으로 사용된다.

Part 11

Thoughts on Fatigue and Rest

Doctor Diet, Doctor Quiet, and Doctor Merryman

Jonathan Swift, author of Gulliver's Travels, was the most devastating pessimist in English literature. He was so sorry that he had been born that he wore black and fasted on his birthdays; yet, in his despair, this supreme pessimist of English literature praised the great health-giving powers of cheerfulness and happiness. "The best doctors in the world," he declared, "are Doctor Diet, Doctor Quiet, and Doctor Merryman."

*devastating 파괴적인, 극단적인 *fast 금식하다, 단식하다 *in his despair 절망 속에서
*supreme 궁극의, 가장 철저한 *merry 즐거운, 명랑한

절제된 식습관, 마음의 안정, 그리고 밝은 마음

걸리버 여행기의 저자 조너선 스위프트는 영문학의 역사에서 가장 철저한 비관주의자였다. 그는 자신이 세상에 태어난 것을 한탄하며 생일마다 검은 옷을 입고 단식했다. 그러나 그 절망 속에서도, 이 궁극의 비관주의자는 명랑함과 행복이 지닌 위대한 치유의 힘을 찬양했다. 그는 이렇게 단언했다. "세상에서 가장 훌륭한 의사는 다이어트 박사(절제된 식습관), 조용함 박사(마음의 안정), 그리고 명랑함 박사(밝은 마음)이다."

Word Focus

| pessimist의 정확한 의미 |

- 어원적으로는 the worst, 즉 '가장 나쁜'의 의미이며 세상의 모든 이치를 비관적으로 보고 판단하는 사람을 일컫는다.
- '비관주의'는 pessimism, '비관적인'은 pessimistic이며, 반대 의미인 '낙관주의자', 또는 '낙천주의자'는 optimist, '낙관주의'는 optimism, '낙관적인'은 optimistic이다.

63

소리 내어 읽고 마음으로 느끼며 적어보세요.

Grammar Sense

| 현재분사형 형용사와 과거분사형 형용사의 의미: devastating pessimist |

- 동사 devastate의 어원은 de-(=completely)+vastate(=to make empty) 즉, '완전히 없애다'이며 '완전히 파괴하다'의 의미로 쓰인다.
- 여기에서 파생된 현재분사형 형용사인 devastating은 '진행'의 의미가 추가되어 '사람이나 사물을 파괴하는', '엄청난 충격을 주는'의 의미를 가진다.
- 과거분사형 형용사인 devastated는 '수동'의 의미가 추가되어 '사람이나 사물이 완전히 파괴된', '엄청난 충격을 받은'의 의미로 쓰인다.

Preventing fatigue tends to prevent worry.

Fatigue often produces worry, or, at least, it makes you susceptible to worry. Any medical student will tell you that fatigue lowers physical resistance to the common cold, and hundreds of other diseases; and any psychiatrist will tell you that fatigue also lowers your resistance to the emotions of fear and worry. So preventing fatigue tends to prevent worry.

*fatigue 피로, 피곤 *susceptible to ~에 영향을 받기 쉬운 *medical student 의대생
*physical resistance 신체적 저항력 *psychiatrist 정신과 의사

피로 예방은 걱정 예방에 도움이 될 수 있다.

피로는 흔히 걱정을 유발한다. 또는, 적어도, 걱정에 쉽게 영향을 받게 만든다. 의대생이라면 누구나 알고 있듯 피로는 감기와 수백 가지 다른 질병에 대한 신체적 저항력을 약화시킨다. 또한 정신과 의사라면 누구나 말할 것이다. 피로는 또한 두려움과 걱정 같은 감정적 자극에 대한 정신적 저항력도 떨어뜨린다고. 그러므로 피로를 예방하는 일은 곧 걱정을 예방하는 데에도 도움이 될 수 있다.

Word Focus

| produce의 정확한 의미 |

- 어원적으로는 pro-(=forward)+duce(=to lead)에서 비롯되어, '앞으로 이끌어내다', '눈에 보이지 않던 것을 밖으로 드러나게 하다'의 의미를 갖는다.
- 이 뜻이 확장되어 '생산하다', '어떤 결과를 초래하다', '증거나 물건을 제시하다'의 의미로 사용된다.
- 본문에서는 '피로가 걱정이라는 결과를 초래하다'의 의미로 쓰여서 "피로가 걱정을 유발한다."로 해석된다.

64

소리 내어 읽고 마음으로 느끼며 적어보세요.

Grammar Sense

| 접속부사 So의 역할 |

- 독립된 문장과 문장을 의미적으로 연결하며, 앞 문장이 원인이나 근거를 제시하고 뒤 문장이 그 결과를 나타낸다.
- '따라서', '그러므로', '그 결과' 등의 의미로 해석된다.
- 접속부사는 앞 문장 전체를 수식하여 두 문장 사이의 논리적 관계를 드러낸다.

Rest is repair.

1. Rest is not a matter of doing absolutely nothing. Rest is repair. There is so much repair power in a short period of rest that even a five-minute nap will help to forestall fatigue!
2. Edison attributed his enormous energy and endurance to his habit of sleeping whenever he wanted to.

*repair 회복 *forestall 미연에 방지하다, 예방하다 *attribute A to B e A를 B 덕분이라고 생각하다
*endurance 지구력

휴식은 회복이다.

1. 휴식이란 아무것도 하지 않는다는 뜻이 아니다. 휴식은 회복이다. 짧은 휴식에도 엄청난 회복력이 있어서, 단 5분간의 낮잠만으로도 피로를 미리 막을 수 있다!
2. 에디슨은 자신의 엄청난 에너지와 지구력이, 원할 때마다 잠을 자는 습관에서 비롯된 것이라고 말했다.

Word Focus

| forestall의 정확한 의미 |

- 어원적으로는 fore-(=before)+stall(=to stop) 즉, '앞에서 멈추게 하다'의 의미이다.
- 여기에서 발전하여 '어떤 일이 일어나기 전에 미리 막다', '선수를 쳐서 사전에 조치를 취하다'의 뜻이 생겨났다.
- prevent가 '어떤 일이 일어나기 직전에 막다'의 느낌이라면 forestall은 '어떤 결과를 예상하고 훨씬 전에 미리 막다'의 느낌이다.

65

소리 내어 읽고 마음으로 느끼며 적어보세요.

Grammar Sense

| rest에 a가 붙을 때와 붙지 않을 때의 의미 차이 |

- a를 붙일 때는 take a rest의 경우처럼 구체적이고 개별적인 행위로서의 휴식을 의미한다.
- a를 붙이지 않을 때는 Rest is repair.의 경우처럼 추상적이고 보편적인 개념으로서의 휴식을 의미한다.

Stretch out and feel better than ever.

A miracle has happened. That is what my own physicians call it. I used to sit up in my chair, tense and taut, while discussing ideas for our short features. Now I stretch out on the office couch during these conferences. I feel better than I have felt in twenty years. Work two hours a day longer, yet I rarely get tired.

*my own physician 주치의 * tense and taut 몸과 마음이 긴장한 상태로 *short features 단편영화, 짧은 글이나 기사 *stretch out 스트레칭을 하다 *rarely 거의 ~하지 않는

스트레칭을 하라. 그러면 어느때보다 건강함이 느껴질 것이다.

기적이 일어났다. 내 주치의들이 그걸 기적이라 부른다. 예전에는 단편영화 아이디어를 논의할 때마다 몸과 마음이 함께 긴장한 채 의자에 똑바로 앉아있었다. 하지만 지금은 그런 회의 중에도 사무실 소파에서 스트레칭을 하며 편하게 앉아 있다. 그 결과 지금은 지난 20년 동안 그 어느때보다 더 건강하다. 예전보다 하루에 두 시간이나 더 일하지만, 거의 피로를 느끼지 않는다.

Word Focus

| taut의 정확한 의미 |

- 어원적으로는 tight, firm, 즉 '단단한', '견고한'의 의미에서 비롯되었다.
- 느슨하지 않고 팽팽히 잡아당겨진 상태를 뜻하며, 주로 근육이 조여있거나 몸이 긴장된 모습을 표현할 때 사용된다.
- tense가 '심리적인 긴장 상태'를 나타낸다면, taut는 보다 육체적이고 감각적인 긴장감을 강조한다.

66

소리 내어 읽고 마음으로 느끼며 적어보세요.

Grammar Sense

| A miracle happened.에서 과거시제를 쓰지 않은 이유는? |

- 과거시제는 현재와 단절된, 이미 끝난 과거의 사실만을 말한다.
- 그러나 본문에서는 과거에 일어난 기적이 지금의 나를 변화시킨 결과를 강조하고 있다. 즉, 과거와 현재가 연결된 상태를 나타낸다.
- 이런 경우에는 현재완료를 사용하여 A miracle has happened.라고 표현한다.
- 과거는 현재와 무관하고 현재완료는 현재와 연결된다는 점을 반드시 기억해야 한다.

The brain is utterly tireless.

So far as the brain is concerned, it can work "as well and as swiftly at the end of eight or even twelve hours of effort as at the beginning." The brain is utterly tireless. So what makes you tired? Psychiatrists declare that most of our fatigue derives from our mental and emotional attitudes.

*so far as the brain is concerned 뇌에 관해서 말하자면 *swiftly 빠르게 *tireless 지치지 않는
*derive from ~에서 비롯되다

뇌는 결코 지치지 않는다.

뇌에 관해서 말하자면, 뇌는 "8시간, 심지어 12시간의 정신적 노동을 한 뒤에도 처음 일을 시작할 때처럼 잘, 그리고 빠르게" 작동할 수 있다. 뇌는 결코 쉽게 지치지 않는 기관이다. 그렇다면 무엇이 우리를 피곤하게 만드는가? 정신과 의사들은 말한다. 우리의 피로 대부분은 생각과 감정을 대하는 마음의 태도에서 비롯된다고.

Word Focus

| derive의 정확한 의미 |

- 어원적으로 de-(=from)+rive(=to flow)에서 유래하며, 본래 의미는 '어떤 근원으로부터 흘러나오다'이다.
- 여기에서 '비롯되다', '기원을 두다'의 의미가 생겨났다.
- 보통 뒤에 전치사 from이 연결되어 '~에서 유래하다', '~에서 비롯되다'의 뜻을 완성한다.

67

소리 내어 읽고 마음으로 느끼며 적어보세요.

Grammar Sense

| as 부사 as 비교급 |

- 가장 기본적인 동등비교 구문으로 '~만큼 …하게'의 뜻을 갖는다.
- 그러나 본문에서는 비교 대상이 문장 후반부에 멀리 떨어져 있어서 자칫 구조를 놓치기 쉽다.
- 이럴 때는 앞부분부터 차근히 구조를 따라가며 해석하면 무리 없이 비교구문을 파악할 수 있다.

Let the metabolism pick up.

It is a well-known fact that your emotional attitude usually has far more to do with producing fatigue than has physical exertion. The blood pressure of the body and the consumption of oxygen actually decrease when a person is bored, and that the whole metabolism picks up immediately as soon as he begins to feel interest and pleasure in his work!

*emotional attitude 마음가짐 *physical exertion 신체적 노력, 육체적 활동 *decrease 감소하다
*metabolism 신진대사 *pick up 활기를 띠다

신진대사에 활기를 불어넣어라.

잘 알려져 있듯이, 피로의 원인은 몸보다 마음가짐에 훨씬 더 깊은 관련이 있다. 우리가 지루함에 빠질 때 몸의 혈압과 산소 소비량은 실제로 떨어진다. 그러나 일에 흥미와 즐거움을 느끼는 순간, 신진대사는 즉시 깨어나 활기를 되찾는다.

Word Focus

| decrease의 정확한 의미 |

- 어원적으로 de-(=down)+crease(=to grow)에서 유래하여 '아래로 자라다'의 의미를 갖는다.
- 여기에서 발전해 '점점 줄어들다', '감소하다'의 뜻이 생겼다.
- 양이나 정도가 점진적이고 연속적으로 줄어드는 상태를 나타낸다.

68

소리 내어 읽고 마음으로 느끼며 적어보세요.

Grammar Sense

| 도치구문의 특징: than has physical exertion |

- 일반적으로는 than physical exertion has로 마무리한다.
- 그러나 앞부분과 같은 어순으로 반복하면 단조롭고 어색해지는 경향이 있어서 학술적이거나 논리적인 글에서는 격식 있는 느낌을 주기 위해 도치법을 사용한다.
- 또한 도치법을 사용하면 비교절이 문법적으로 완전한 절임을 명확히 드러내는 효과가 있다.

Part 12

Thoughts on Habits and Daily Order

Reverse the habits of a lifetime.

What is the answer to this nervous fatigue? Relax! Learn to relax while you are doing your work! You will probably have to reverse the habits of a lifetime. But it is worth the effort, for it may revolutionize your life! Tension is a habit. Relaxing is a habit. And bad habits can be broken, good habits, formed.

*reverse 뒤집다, 바꾸다 *worth ~의 가치가 있는 *revolutionize 근본적으로 변화시키다

평생의 습관을 바꾸라.

이 신경성 피로의 해답은 무엇인가? 몸과 마음을 편안히 하라! 일하면서도 그 편안함을 유지하는 법을 배워라! 아마 평생의 습관을 바꾸어야 할지도 모른다. 그러나 그 노력은 그만한 가치가 있다. 왜냐하면 그것이 당신의 인생을 완전히 바꿔놓을 수도 있기 때문이다. 긴장은 습관이다. 편안함도 습관 들일 수 있다. 나쁜 습관은 끊을 수 있고, 좋은 습관은 새로 들일 수 있다.

Word Focus

| reverse의 정확한 의미 |

- 어원적으로 re-(=back)+verse(=to turn)에서 유래하며, '뒤로 돌리다', '거꾸로 돌리다'가 근본 의미이다.
- 여기에서 '뒤집다', '되돌리다', '반대로 바꾸다'의 의미가 생겨났다.
- 본문에서는 '평생 몸에 밴 습관을 거꾸로 바꾸다'의 의미로 쓰였다.

69

소리 내어 읽고 마음으로 느끼며 적어보세요.

Grammar Sense

| worth의 문법적 특징 |

- 형용사로서 '~의 가치가 있는'의 의미를 갖는다.
- 그러나 일반 형용사처럼 명사를 직접 수식하지 않고 항상 보어로만 쓰인다.
- 뒤에 명사나 동명사를 목적어로 취하는 전치사적 성격을 지닌다.
- 다시 말해서, 전치사적 형용사로 분류된다.

Good housekeeping

A person with his desk piled high with papers on various matters will find his work much easier and more accurate if he clears that desk of all but the immediate problem on hand. I call this good housekeeping, and it is the number-one step toward efficiency.

*piled high with ~이 산더미처럼 쌓여 있는 *accurate 정확한 *on hand 손 안에 있는
*housekeeping 정리정돈 습관, 체계적인 관리 *efficiency 효율성

좋은 정리정돈 습관

책상 위에 여러 가지 일과 관련된 서류가 산더미처럼 쌓여있는 사람은 그 책상에서 당장 처리해야 할 문제를 제외한 모든 서류를 깨끗이 치워버리면 자신의 일이 훨씬 더 쉽고, 보다 선명해진다는 사실을 알게 될 것이다. 나는 이것을 좋은 정리정돈 습관이라 부른다. 그리고 이것이 효율적으로 일을 처리하기 위한 첫 번째 단계이다.

Word Focus

| accurate의 정확한 의미 |

- 어원적으로는 ac-(=toward)+curate(=to care) 즉, '세심히 돌보다'의 뜻이다.
- 이 뜻에서 파생되어 '주의를 기울여 세심하게 다룬', '정확한', '틀림없는'의 의미를 갖게 되었다.
- 따라서 정확성과 세밀함이 함께 강조된 형용사이다.

70

소리 내어 읽고 마음으로 느끼며 적어보세요.

Grammar Sense

| 음절과 비교급: more accurate |

- 형용사 accurate는 ac-cu-rate의 3음절로 이루어져 있다.
- 3음절 형용사의 비교급은 앞에 more를 붙이고 최상급은 앞에 the most를 붙인다.
- 누구나 알고 있는 기본 규칙이지만, 아는 것과 자연스럽게 쓰는 것은 다르다. 따라서 실제 문장에서 비교급 형태가 나올 때마다 의식적으로 확인하는 습관이 필요하다.

A million things to do and no time to do them.

The mere sight of a desk littered with unanswered mail and reports and memos is enough to breed confusion, tension, and worries. It is much worse than that. The constant reminder of "a million things to do and no time to do them" can worry you not only into tension and fatigue, but it can also worry you into high blood pressure, heart trouble, and stomach ulcers.

> *littered with ~로 어질러진 *breed ~을 낳다, 불러일으키다 *constant reminder 끊임없는 자극, 상기
> *stomach ulcer 위궤양

산더미처럼 쌓인 일, 그러나 그걸 처리할 시간이 없다.

책상 위에 답장하지 않은 메일, 보고서, 메모들이 어지럽게 널려있는 그 모습만 봐도 혼란과 긴장, 그리고 걱정이 생기기에 충분하다. 그러나 문제는 그것보다 훨씬 심각하다. "해야 할 일이 수백만 가지인데, 정작 그걸 처리할 시간은 없다"는 끊임없는 자극은 걱정을 부추겨 긴장과 피로를 낳을 뿐 아니라, 고혈압, 심장병, 위궤양까지 초래할 수 있다.

Word Focus

| litter의 정확한 의미 |

- 명사로 쓰일 때는 '쓰레기', '잡동사니'의 의미를 갖는다.
- 동사로 쓰일 때는 '어지럽게 흩어놓다', '지저분하게 하다'의 뜻으로 사용된다.
- 과거분사형 littered는 '흩어져 있는', '어질러진'의 의미를 갖는 형용사로 쓰인다. 여기에 전치사 with가 연결되면 '~로 어질러진 상태인'의 의미가 된다.

71

소리 내어 읽고 마음으로 느끼며 적어보세요.

Grammar Sense

| 강조용법 not only A but (also) B |

- ‘A뿐만아니라 B도’의 의미로, B의 내용을 강조한다.
- also는 선택적이지만 강조나 리듬감을 높이기 위해 자주 덧붙인다.
- 명사뿐 아니라 형용사, 동사, 그리고 절 등 문법적으로 같은 형태의 요소를 연결한다.
- 본문에서는 not only into tension and fatigue, but also into high blood pressure처럼, 전치사구(전치사 into+명사구)를 병렬로 연결하고 있다.

Do first things first.

I know from long experience that one is not always able to do things in the order of their importance, but I also know that some kind of plan to do first things first is infinitely better than extemporizing as you go along.

*in the order of their importance 중요도 순서대로 *some kind of plan 어느 정도의 계획 *to do first things first 가장 중요한 일을 먼저 하다 *infinitely 한없이, 훨씬 *extemporize 즉흥적으로 하다 *as you go along 일을 진행해 가면서

가장 중요한 일부터 먼저 하라.

나는 오랜 경험을 통해 잘 알고 있다. 우리는 항상 중요도 순서대로 일을 처리할 수 있는 것은 아니다. 그러나 나는 또 한 가지 사실도 알고 있다. 어떤 식으로든 중요한 일부터 먼저 하려는 계획을 세우는 것이, 그때그때 즉흥적으로 처리해 나가는 것보다 훨씬 낫다.

Word Focus

| extemporize의 정확한 의미 |

- 어원적으로는 ex-(=out)+temporize(=time)에서 유래하여 '시간 밖에서 하다', 즉 '미리 정해진 시간을 준비하지 않고 하다'의 의미를 갖는다.
- 여기에서 발전하여 '즉흥적으로 하다', '준비 없이 하다'의 뜻으로 쓰이게 되었다.
- 일반적으로 사용되는 improvise보다 더 격식 있고 문어적인 어휘이다.

72

소리 내어 읽고 마음으로 느끼며 적어보세요.

Grammar Sense

| one is not always able to...에서 one의 문법적 성격 |

- 3인칭 단수 대명사이다.
- 특정한 '한 사람'을 뜻하는 것이 아니라 '일반적인 사람'을 가리킨다.
- 즉, '누구나', '보통 사람이라면'의 의미를 가진다.
- we, you, people 등을 사용하는 것보다 one을 쓰면 더 격식 있고 절제된 어조를 전달할 수 있다.

Take up one problem at a time.

Take up one problem at a time and come to a decision. No procrastination—no putting off. The decision might be to ask for additional facts; it might be to do something or do nothing. But a decision was reached on each problem before passing on to the next.

*take up 착수하다, 다루기 시작하다 *procrastination 지연, 미룸 *put off 연기하다, 미루다
*additional 추가적인 *pass on to ~로 넘어가다

한 번에 한 가지 문제만 다루라.

한 번에 한 가지 문제만 다루고 결정을 내려라. 미루지 말고, 뒤로 물리지 말라. 일단 결정을 내리면, (그 결정에 마음이 집중되어 이전에 보지 못했던 새로운 사실들이 떠올라) 더 많은 정보를 구해야 할 수도 있고 어떤 행동을 취하거나, 반대로 아무것도 하지 않는 편이 더 현명할 수도 있다. 그러나, 다음 문제로 넘어가기 전에, 이미 지금 현안에 대한 결정은 내려진 상태이다. (그렇게 결정을 내리는 것 자체가 중요한 것이니, 차후에 그 결정에 따라 행동하면 되는 것이다.)

Word Focus

| procrastination의 정확한 의미 |

- 어원적으로 pro-(=forward)+cras(=tomorrow)에서 유래하여 '내일로 미루는 행위'를 의미한다.
- 단순히 시간을 늦추는 것이 아니라, '감정적 부담이나 두려움으로 인해 의도적으로 미루는 상태'를 뜻한다.

73

소리 내어 읽고 마음으로 느끼며 적어보세요.

Grammar Sense

| 조동사 might |

- 확실하지는 않지만 열려 있는 가능성을 나타낸다.
- '~일 수도 있다', '~일지도 모른다'의 의미로 해석된다.
- 겸손하고 신중한 추측의 뉘앙스를 담고 있다.
- may와 비교해서 가능성이 더 낮다.

Learn to organize, deputize, and supervise.

The men who build up big businesses and don't learn to organize, deputize, and supervise, usually pop off with heart trouble in their fifties or early sixties—heart trouble caused by tension and worries.

*build up 성장시키다, 사업을 키워내다 *deputize 권한을 위임하다 *supervise 관리하다
*pop off 갑자기 죽다

조직, 위임, 감독하는 법을 배워라.

큰 사업을 일구면서도 조직하고, 위임하고, 감독하는 법을 배우지 못한 사람들은 대개 오십이나 예순 무렵에 심장병으로 쓰러진다. 그 심장병은 긴장과 걱정에서 비롯된 것이다.

Word Focus

| supervise의 정확한 의미 |

- 어원적으로 super-(=over)+vise(=to see) 즉, '위에서 내려다 보다'의 의미에서 출발하여 '높은 위치에서 전체를 살피며 관리하다'로 확장되었다.
- 리더십의 맥락에서는 조직과 위임의 단계를 거쳐 전체를 조율하고 지도하는 최종적 관리의 단계를 나타내는 동사이다.

74

소리 내어 읽고 마음으로 느끼며 적어보세요.

Grammar Sense

| the men과 those who의 차이 |

- the men은 특정 집단에 한정된다. 남자들을 가리킨다.
- those who는 일반 집단을 가리킨다. 사람들 전체를 뜻한다.
- the men은 사실적, 구체적 묘사이며 those who는 추상적, 보편적 묘사이다.
- the men은 현실적 문체이며 those who는 도덕적, 철학적 문체이다.

Part 13

Thoughts on Work and Enjoyment

Never do anything you don't like.

Melancholiacs are often inclined to revenge themselves by committing suicide, and the doctor's first care is to avoid giving them an excuse for suicide. I myself try to relieve the whole tension by proposing to them, as the first rule in treatment, "Never do anything you don't like."

*melancholiac 우울증 환자 *be inclined to ~하는 경향이 있다 *revenge oneself 자신에게 복수하다
*relieve ~을 완화하다 *the whole tension 심리적 압박

싫은 일은 절대 하지 말라.

우울증 환자들은 종종 자살을 통해 자신에게 복수하려는 경향이 있다. 그래서 의사가 가장 먼저 주의해야 할 일은 그들에게 자살할 구실이나 핑계를 주지 않는 것이다. 나의 경우, 심리적 압박을 덜어주기 위해 치료의 첫 번째 원칙으로 이렇게 제안한다. "싫은 일은 절대 하지 마세요."

Word Focus

| relieve의 정확한 의미 |

- 어원적으로 '무언가를 들어올려 가볍게 하다'라는 의미를 갖는 동사이다. 여기에서 발전하여 '~을 완화하다', '덜어주다'의 뜻으로 쓰인다.
- 완화의 대상은 주로 고통(pain, tension), 걱정(worry), 불안(anxiety), 압박(pressure, tension) 등이다.
- 따라서 '고통이나 불안, 스트레스를 덜어주다', '안심시키다'의 의미로 흔히 쓰인다.

75

소리 내어 읽고 마음으로 느끼며 적어보세요.

Grammar Sense

| 동사 avoid의 특징: avoid giving them excuse |

- 목적어로 to 부정사가 아닌 동명사를 취한다.
- to 부정사는 '앞으로 일어날 일', 즉 미래적인 의도나 계획을 나타낸다.
- 동명사는 '현실에서 실제로 일어나거나 일어날 수 있는 행위'를 나타낸다.
- 따라서 avoid는 '지금 실제로 일어나는 행위를 피하다'의 뜻이므로 목적어로 동명사를 쓴다.

Let's be quick about it.

If we are going to make things better for others, let's be quick about it. Time is a wastin'. I shall pass this way but once. Therefore, any good that I can do or any kindness that I can show—let me do it now. Let me not defer nor neglect it, for I shall not pass this way again.

*be quick about ~을 서둘러 하다 *a wastin'(=wasting) 흘러가고 있는(옛스러운 어조)
*but once 한 번만 *defer 미루다 *neglect 소홀히 하다, 무시하다

서둘러 하자.

우리가 남에게 도움이 되는 일을 하려 한다면, 서둘러 하자. 시간은 흘러가고 있다. 우리가 이 세상을 단 한 번만 살아가는 만큼, 할 수 있는 선행이나 베풀 수 있는 친절이 있다면 지금 하자. 그것을 미루거나 소홀히 하지 말자. 이 길을 다시 걸을 수는 없으니까.

Word Focus

| defer의 정확한 의미 |

- 어원적으로는 de-(=away)+fer(=to carry)에서 유래하여 '뒤로 밀어두다'라는 의미를 갖는다. 오늘날에도 '어떤 일을 뒤로 옮겨두다', 즉 '나중으로 미루다'의 뜻으로 쓰인다.
- 단순한 시간의 지연이 아니라 '해야 할 일을 나중으로 미루는 태도'를 나타낸다. 본문에서는 '선행을 미루다'라는 도덕적 의미로 쓰였다.

76

소리 내어 읽고 마음으로 느끼며 적어보세요.

Grammar Sense

| 조동사 shall: I shall pass this way but once. |

- 오늘날 일상 영어에서는 거의 쓰이지 않는다.
- 주로 법률이나 공식문서에서 '의무'를 나타내는 의미로 사용된다.
- 약속이나 결의, 또는 필연성을 단호하고 격조 있게 말할 때 쓴다.
- 제안이나 질문을 정중하게 표현할 때에도 사용된다.
- 본문에서는 "이것은 인생의 필연적인 단 한 번뿐인 여정이다."의 의미로, 시간의 유한성과 숙명을 품위 있게 드러내고 있다.

Do your work as if you really enjoy it.

If I do my work as if I really enjoy it, then I do enjoy it to some extent. I also found I can work faster when I enjoy my work. So, there is seldom any need now for me to work overtime. This new attitude of mine gained me the reputation of being a good worker.

*to some extent 어느 정도까지는 *seldom 거의 ~않는 *work overtime 야근하다, 초과 근무하다
*reputation 평판, 명성

일을 정말 즐기는 것처럼 하라.

내가 내 일을 정말 즐기는 것처럼 하면, 실제로 어느 정도는 그 일을 즐기게 된다. 또한, 일을 즐기면 일처리를 더 빨리 할 수 있다는 것도 알게 되었다. 그래서 이제는 거의 야근할 필요가 없다. 이런 나의 새로운 태도 덕분에 나는 '일 잘하는 사람'이라는 평판을 얻게 되었다.

Word Focus

| attitude의 정확한 의미 |

- 어원적으로는 '몸의 자세'를 뜻하며, 처음에는 단순히 '신체적 자세'를 가리켰다.
- 이 의미가 발전하면서 '마음가짐', '태도', '성향' 등 정신적 자세를 가리키게 되었다.
- 결국, 내면의 방향성과 그것이 외부로 드러나는 언어, 표정, 행동, 말투 등을 포함하는 어휘가 되었다.

77

소리 내어 읽고 마음으로 느끼며 적어보세요.

Grammar Sense

| 사역 구조와 능동 구조: 1) A gained me B -> 2) I gained B by A |

- 1) A gained me B는 무생물이 주어인 사역 구조로, 원인에 초점을 둔 표현이다. 겸손하고 자연스러운 느낌을 주며, 문어적이고 세련된 어조를 갖는다.
- 2) I gained B by A는 사람이 주어인 능동 구조로, 행위자에 초점을 둔 표현이다. 적극적이고 자기주도적인 인상을 주며, 구어적이고 직설적인 어조를 띤다.

Give yourself a pep talk every day.

Go to bat with yourself every morning. We talk a lot about the importance of physical exercise to wake us up out of the half-sleep in which so many of us walk around. But we need, even more, some spiritual and mental exercises every morning to stir us into action. Give yourself a pep talk every day.

*go to bat 타석에 들어서다, 전력을 다하다 *spiritual and mental exercises 정신적 훈련
*stir us into action 우리를 일깨워 행동하게 하다 *a pep talk 격려의 말

매일 스스로에게 힘이 되는 말을 건네라.

매일 아침, 스스로 하루를 맞이할 전투력을 다져라. 우리는 흔히 육체적 운동의 중요성을 이야기한다. 많은 이들이 무의식적이고 몽롱한 삶의 상태에서 벗어나기 위해 운동을 한다. 그러나 우리에게 더 절실한 것은 아침마다 마음을 흔들어 깨워 행동으로 이끄는 정신적 훈련이다. 매일 스스로에게 힘과 용기를 불어넣는 말 한마디를 건네라.

Word Focus

| pep talk의 정확한 의미 |

- pep은 pepper(후추)와 어원이 연결되어 있으며, '톡 쏘는 자극', '활력'을 의미한다.
- 따라서 pep talk은 '마음에 자극을 주는 말', '기운을 북돋우는 말'을 뜻한다.

78

소리 내어 읽고 마음으로 느끼며 적어보세요.

Grammar Sense

| 전치사+관계대명사: the half-sleep in which we walk around |

- 원래 문장은 we walk around in the half-sleep이다.
- 이 문장을 이미 앞에 쓰인 the half-sleep과 연결하기 위해 관계대명사 which로 이어 붙이면 the half-sleep which we walk around in이 된다.
- 그러나 전치사는 항상 명사나 대명사 앞에 위치하므로 in을 관계대명사 which의 앞으로 옮겨 the half-sleep in which we walk around 형태가 된 것이다.

Enjoy what you're doing.

Edison was the unschooled newsboy who grew up to transform the industrial life of America, the man who often ate and slept in his laboratory and toiled there for eighteen hours a day. But it wasn't toil to him. "I never did a day's work in my life," he exclaimed "It was all fun."

*unschooled 학교 교육을 받지 못한 *newsboy 신문팔이 소년 *grow up to 성장하여 결국 ~하게 되다 *industrial life 산업 생활, 산업 구조 *toil 육체적으로 고된 노동을 하다, 노동 *fun 재미, 즐거움

지금 하고 있는 일을 즐겁게 하라.

에디슨은 학교 교육을 받지 못한 신문팔이 소년으로 출발했지만, 결국 미국의 산업 생활을 혁신한 인물이 되었다. 그는 자주 실험실에서 먹고 자며 하루 18시간씩, 노동에 가까운 실험에 몰두했다. 하지만 그에게 그것은 노동이 아니었다. 그는 이렇게 말했다. "나는 평생 단 하루도 그걸 일이라고 생각한 적 없어요. 그저 즐겁고 재미있었을 뿐이에요."

Word Focus

| transform의 정확한 의미 |

- 어원은 trans-(=across, beyond)+form(=form)에서 유래하여, '형태를 넘어 바꾸다'를 뜻한다.
- 이 의미에서 발전하여 '본질적으로 다른 모습으로 바꾸다'의 뜻이 되었다.
- 따라서 단순히 겉모습만 바꾸는 것이 아니라 내부의 구조, 성질, 형태까지 근본적으로 변화시키는 것을 의미한다.

79

소리 내어 읽고 마음으로 느끼며 적어보세요.

Grammar Sense

| the와 a의 차이: the newsboy, the man |

- 의미적으로 아직 특정되지 않은 사람을 말할 때는 부정관사 a를 쓰고, 이미 누구인지 확정된 상태에서는 정관사 the를 쓴다.
- a man은 '어떤 사람', the man은 '그 사람'이라는 뜻이다.
- 본문에서는 이미 Edison을 가리키고 있으므로, '누군가 확정된 상태'에 해당된다. 따라서 the를 쓰는 것이 옳다.

Will of Nature

No man ever committed suicide by refusing to sleep and no one ever will. Nature would force a man to sleep in spite of all his will power. Nature will let us go without food or water far longer than she will let us go without sleep.

*commit suicide 자살하다 *refuse 거부하다 *force 강제로 하게 하다 *in spite of ~에도 불구하고 *will power 의지력 *go without ~없이 지내다

자연의 의지

그 어떤 사람도 잠을 거부하는 방법으로 자살한 적은 없으며, 앞으로도 그런 일은 일어나지 않을 것이다. 자연은 인간이 아무리 거부하더라도 결국 잠을 자게 만들 것이다. 자연의 의지는 분명하다. 인간이 음식이나 물 없이 견디는 시간보다 잠 없이 버틸 수 있는 시간을 훨씬 짧게 정해두었다.

Word Focus

| refuse의 정확한 의미 |

- 어원은 re-(=back)+fuse(=to pour)로, '다시 쏟다', '반대로 흘려 보내다'를 의미한다. 즉, 무언가 흘러 들어올 때 그것을 다시 밀어내는 행위를 뜻한다.
- 이 의미에서 발전하여 '거절하다', '거부하다'의 뜻으로 굳어졌다.
- 흔히 reject와 비교되는데 refuse는 '내가 원치 않아서 거절하다', reject는 '부적합하다고 판단해서 거절하다'로, '의지적 거부'와 '판단적 거부'의 차이를 갖는다.

80

소리 내어 읽고 마음으로 느끼며 적어보세요.

Grammar Sense

| would와 will의 차이 |

- Nature would force a man... 이 문장은 앞에서 이미 언급된 '인간이 잠을 거부한다'는 상황을 가정으로 전제하고, 그럼에도 불구하고 '아무리 그래봐야 자연은 결국 잠을 자게 만들 것이다'라는 단정적 진술을 하고 있다. 이런 용법을 '가정적 확실성'이라고 하며, 이러한 의도를 전달할 때 사용하는 조동사가 바로 would이다.
- Nature will let us go... 이 문장은 어떤 가정이나 조건 없이 '자연의 진리와 의지'를 일반적 사실로 진술한다. 이런 경우에는 '보편적 법칙이나 확실한 진리'를 말할 때 쓰는 조동사 will이 적절하다.

Part 14

Thoughts on Sleep and Physical Limits

A way of life that cured my insomnia.

In despair, I adopted a way of life that cured my insomnia and stopped my worries. I got busy. I got so busy with problems demanding all my faculties that I had no time to worry. I had been working seven hours a day. I got down to the office every morning at eight o'clock and stayed there every night until almost midnight. I took on new duties, new responsibilities.

*in despair 절망 속에서 *adopt 채택하다 *cure my insomnia 나의 불면증을 고치다
*all my faculties 나의 모든 능력 *get down to the office 출근해서 본격적으로 일하다 *take on 떠맡다

내 불면증을 치유한 생활방식

절망에 빠져 있던 나는 고민 끝에 새로운 생활 방식을 택했다. 그 방식을 통해서 나는 내 불면증과 많은 걱정들을 멈추게 했다. 나는 바빠졌다. 내 모든 능력을 요구하는 문제들로 인해서 너무나 바쁘게 지내다 보니 걱정할 틈도 없었다. 전에는 하루에 일곱 시간 일했다. 그러나 이제는 매일 아침 여덟 시에 사무실에 나와 거의 자정까지 머물렀다. 새로운 업무와 새로운 책임을 떠맡아 일했다.

Word Focus

| adopt의 정확한 의미 |

- 어원은 ad-(= toward)+-opt(= choose) 즉, '선택하여 내 것으로(toward) 받아들이다'의 의미를 가진다.
- 단순히 '받아들이다(accept)'가 아니라, '신중하게 선택하여 내 것으로 만들어 실행하다'의 뜻으로 이해한다.
- 따라서 문제해결이나 변화의 필요성에 따라 새로운 생각, 원칙, 정책, 의견, 태도, 방법 등을 채택할 때 사용한다.

81

소리 내어 읽고 마음으로 느끼며 적어보세요.

Grammar Sense

| 과거와 과거완료진행형시제: I had been working seven hours a day. |

- 본문의 전체적인 시제는 '과거중심'이다. 즉, 과거에 있었던 일과 그 경험을 회상하며 서술하고 있다.
- 그러나 과거중심으로 이야기를 전개하다 보면, 그 과거의 시점 이전부터 계속되어 온 행동이나 상태를 표현해야 하는 경우가 생긴다. 이럴 때 사용하는 시제가 바로 과거완료진행형이다.
- 과거완료진행형의 형태는 had been ~ing이다.

Share your troubles and worries.

One of the best remedies for lightening worry is talking your troubles over with someone you trust. We call it catharsis. When patients come here, they can talk their troubles over at length, until they get them off their minds. Brooding over worries alone, and keeping them to oneself, causes great nervous tension. We all have to share our troubles. We have to share worry.

*lighten 가볍게 하다 *talk something over 터놓고 이야기하다 *at length 충분히, 길게
*get something off one's mind 걱정을 털어놓다 *brood over ~을 곱씹다
*keep something to oneself 비밀로 하다, 혼자 간직하다

고민과 걱정을 함께 나누자.

걱정을 덜어내는 가장 좋은 방법 중 하나는 믿을 수 있는 사람에게 마음 속 고민을 털어놓는 것이다. 우리는 그것을 카타르시스, 즉 '감정의 정화'라고 부른다. 환자들이 이곳에 오면, 마음속 근심을 충분히 이야기하며 차츰 그 짐을 내려놓을 수 있게 된다. 반대로, 혼자서 걱정을 곱씹으며 마음속에만 담아두면 신경이 예민해지고 마음의 긴장이 커진다. 우리 모두는 고민을 나누어야 한다. 걱정도 함께 나눠야 한다.

Word Focus

| brood의 정확한 의미 |

- 어원적으로는 '알을 품다'의 의미를 갖는다.
- 새가 알 위에 앉아 오랫동안 품는 모습에서 확장되어 '오랫동안 마음에 두다', '걱정이나 슬픔, 불안을 곱씹다', '되새기다'의 의미로 발전하였다.
- 흔히 전치사 over와 함께 쓰여 '~을 곱씹어 생각하다', '~을 마음 속에서 계속 되새기다'의 뜻을 나타낸다.

82

소리 내어 읽고 마음으로 느끼며 적어보세요.

Grammar Sense

| off의 활용: get them off their minds |

- 전치사로서 '분리'의 개념으로 쓰이고 있다.
- 본문에서는 생각(mind)의 표면에 붙어있던 걱정을 분리시키는 이미지로 이해하면 좋다.
- 따라서 get them off their minds는 '걱정을 생각에서 떼어내다' 즉, '걱정을 털어놓다'로 해석된다.

Get it off your chest.

Ever since the days of Freud, analysts have known that a patient could find relief from his inner anxieties if he could talk, just talk. Why is this so? Maybe because by talking, we gain a little better insight into our troubles, get a better perspective. No one knows the whole answer. But all of us know that "spitting it out" or "getting it off our chests" brings almost instant relief.

*Freud 오스트리아의 신경학자이자 정신분석학의 창시자 *analyst 분석가, 정신 분석가 *insight 통찰력 *perspective 관점, 시각 *spit out 망설이지 않고 말하다 *get it off one's chest 마음 속에 쌓아둔 걱정이나 비밀을 털어놓다

마음에 담아두지 말고 속 시원히 말하라.

프로이트 시대 이래로, 정신분석가들은 환자가 자신의 내면의 불안을 털어놓기만 해도 안도감을 느낄 수 있다는 사실을 알고 있었다. 왜 그럴까? 아마도 말을 함으로써 우리는 자신의 문제를 조금 더 깊이 이해하고, 좀 더 넓은 시각에서 바라보게 되기 때문일 것이다. 정확한 이유를 완전히 아는 사람은 아무도 없다. 그러나 우리 모두는 '주저 없이 말을 쏟아내거나', '가슴 속에 맺힌 말을 털어놓는' 순간, 거의 즉각적으로 안도감이 찾아온다는 사실을 잘 알고 있다.

Word Focus

| anxiety의 정확한 의미 |

- 어원적으로는 '조이다', '숨이 막히게 하다'의 의미를 갖는다.
- 여기에서 파생되어 '근심'과 '불안'의 뜻으로 발전하였다.
- 속뜻은 더 깊어서, '가슴이 조이고 숨이 막힐 듯한 긴장 상태'를 가리킨다.
- 또한, 이유를 설명하기 어려운 막연한 불안감, 그리고 순간적인 것이 아니라 지속적으로 이어지는 '내면의 불안 상태'를 의미한다.

83

소리 내어 읽고 마음으로 느끼며 적어보세요.

Grammar Sense

| since의 올바른 이해 |

- 전치사, 접속사, 부사로 쓰인다.
- 본문에서는 전치사로 사용되어 '~이래로', '~이후 계속'의 의미를 갖는다.
- 과거의 한 시점에서 현재까지의 시간적 지속성을 강조하기 때문에 현재완료 시제와 함께 쓰인다.
- 실제로 본문에서도 since와 함께 현재완료형 have known이 사용되었다.

Sleep knits up the raveled sleeve of care.

We spend a third of our lives sleeping—yet nobody knows what sleep really is. We know it is a habit and a state of rest in which nature knits up the raveled sleeve of care, but we don't know how many hours of sleep each individual requires. We don't even know if we have to sleep at all!

▌ *knit up 꿰매다, 엮어 고치다 *raveled 풀린, 엉클어진 *require 요구하다

잠은 근심으로 헝클어진 삶을 회복시킨다.

우리는 인생의 3분의 1을 잠으로 보낸다. 그러나 '잠이 무엇인가'에 대해서는 아무도 정확히 알지 못한다. 잠이 습관이자 휴식의 상태라는 것은 알고 있다. 그 상태 안에서 자연은 근심으로 엉클어진 우리의 삶의 실을 다시 정성스레 엮어준다. 하지만 각 개인에게 필요한 수면 시간이 얼마인지는 아무도 모른다. 심지어 우리가 정말 잠을 자야만 하는 존재인지조차 확실히 알지 못한다!

Word Focus

| raveled sleeve of care의 정확한 의미 |

- 셰익스피어의 맥베스(Macbeth) 제2막 2장에 나오는 "Sleep that knits up the ravelled sleeve of care."에서 유래했다.
- raveled는 '실이 풀린 상태'를 뜻하며, '실의 혼란'을 나타낸다. 반면 sleeve는 '그 실이 짜여 이루어진 삶의 구조'를 상징한다. 따라서 raveled sleeve of care는 '근심(care)으로 인해 혼란에 빠진 우리의 삶'을 비유적으로 표현한다.
- 즉, '잠'은 '근심으로 인해 헝클어진 삶의 실을 다시 엮어(knit up) 회복시키는 자연의 작용'이라는 철학적 의미를 지닌다.

84

소리 내어 읽고 마음으로 느끼며 적어보세요.

Grammar Sense

| 어순: Nobody knows what sleep is. |

- 의문문일 때는 What is sleep?의 형태로 쓰인다.
- 그러나 이 문장이 동사 뒤에 목적절로 쓰이면 평서문의 어순으로 바뀌어 Nobody knows what sleep is.가 된다.
- 이 문장에 부사 really가 들어가면, 본문처럼 Nobody knows what sleep really is.가 된다. 특히 부사의 위치에 주목할 것.

Some people require far more sleep.

Some people require far more sleep than others. Toscanini needed only five hours a night, but Calvin Coolidge needed more than twice that much. Coolidge slept eleven hours out of every twenty-four. In other words, Toscanini slept away approximately one-fifth of his life, while Coolidge slept away almost half of his life.

*in other words 다시 말해, 달리 표현하면 *sleep away 잠으로 보내다 *approximately 대략, 거의
*one-fifth 5분의 1

훨씬 더 많은 잠을 필요로 하는 사람들이 있다.

어떤 사람들은 다른 사람들보다 훨씬 많은 잠을 필요로 한다. 토스카니니(이탈리아의 지휘자)는 밤에 다섯 시간만 자면 충분했지만, 캘빈 쿨리지(미국의 제30대 대통령)는 그보다 두 배 이상 자야 했다. 그는 하루 스물네 시간 중 열한 시간을 잤다. 다시 말해, 토스카니니는 인생의 약 5분의 1을 잠으로 보냈다면, 쿨리지는 거의 절반을 잠으로 보낸 셈이다.

Word Focus

| sleep away의 정확한 의미 |

- 단순히 '자다'가 아니라 '잠으로 시간을 흘려보내다'의 뜻이다.
- 부사 away에는 '멀리 보내다', '흘려보내다', '사라지다'의 뉘앙스가 담겨있어 시간이 멀리 사라지는 느낌을 준다.

85

소리 내어 읽고 마음으로 느끼며 적어보세요.

Grammar Sense

| some과 others |

- 한 집단을 두 부류로 나누어 비교할 때 사용한다.
- some은 어떤 집단의 일부를 먼저 가리킬 때 쓴다.
- others는 그 나머지 부분을 가리켜 '다른 사람들', '다른 것들'을 의미한다.

Nobody dies from insomnia.

An expert on sleep, he declared that he had never known anyone to die from insomnia. To be sure, a man might worry about insomnia until he lowered his vitality and was swept away by germs. But it was the worry that did the damage, not the insomnia itself.

*declare 선언하다, 단언하다 *insomnia 불면증 *to be sure 물론 *lower 낮추다, 떨어뜨리다
*vitality 활력, 생명력 *be swept away 무너지다, 병들다

누구도 불면증으로 죽진 않는다.

수면 전문가였던 그는 불면증으로 죽은 사람은 한 번도 본 적이 없다고 단언했다. 물론, 어떤 사람은 불면증을 걱정하다가 활력이 떨어지고, 그 결과 세균에 의해 병들어 쓰러질 수도 있다. 그러나 실제로 해를 끼치는 것은 불면증 자체가 아니라, 불면증에 대한 걱정이다.

Word Focus

| insomnia의 정확한 의미 |

- 어원은 in-(=not)+somnia(=sleep)로, '잠이 없는 상태', 즉 '수면이 결핍된 상태'를 의미한다.
- 정확히 말하면, '충분한 시간 동안 잠들지 못하거나 잠이 들어도 자주 깨는 만성적 상태'를 insomnia라 한다.
- 다시 말해, 수면의 양과 질이 모두 손상된 지속적 장애를 의미한다.

소리 내어 읽고 마음으로 느끼며 적어보세요.

Grammar Sense

| 과거를 현재로 해석 |

- 본문 전체를 지배하는 시제는 declared 즉, '과거시제'이다. 수면 전문가의 주장을 과거 시점에서 서술하고 있기 때문이다.
- 따라서 전체 문장이 과거시제 동사들로 구성된 것은 '시제일치'의 결과이다. 주절이 과거시제일 때 종속절의 시제도 자연스럽게 과거형으로 맞추는 것이다.
- 그러나 문장의 내용적 의미는 단순히 과거에 한정된 사실이 아니라 지금도 유효한 '일반적 진리'을 서술하고 있다. 따라서 declared 이후에 등장하는 과거형 동사들은 형식상 과거시제이지만 의미상 현재시제로 해석하는 것이 옳다.

Part 15

Thoughts on Life Choices and Misguided Beliefs

What is the greatest tragedy?

The greatest tragedy I know of is that so many young people never discover what they really want to do. I think no one else is so much to be pitied as the person who gets nothing at all out of his work but his pay.

*tragedy 비극, 큰 불행 *discover 새롭게 알아차리다 *to be pitied 불쌍하게 여겨져야 할
*so much … as ~ ~만큼 …한

가장 큰 비극은 무엇일까?

내가 아는 가장 큰 비극은, 수많은 젊은이들이 자신이 진정으로 하고 싶은 일을 끝내 발견하지 못한다는 것이다. 나는 일에서 얻는 것이 오직 월급뿐인 사람만큼 불쌍한 사람은 없다고 생각한다.

Word Focus

| know of의 정확한 의미 |

- know는 직접 경험하거나 개인적인 관계, 체험을 통해서 직접적으로 알고 있다는 의미이다.
- know of는 직접은 아니지만 간접적인 경험, 즉 소문, 정보, 평판을 통해서 들어서 알고 있다는 의미이다.
- know someone의 경우에는 '그 사람을 개인적으로 잘 안다'는 뜻이다.
- know of someone은 '정보를 통해 그 사람의 존재를 알고 있을 뿐, 개인적 관계는 없다'는 의미이다.
- 따라서 know는 '경험적 지식', know of는 '간접적 인식'을 나타낸다.

87

소리 내어 읽고 마음으로 느끼며 적어보세요.

Grammar Sense

| no one else is so much to be pitied as A의 이해 |

- no one else는 '그 누구도 ~만큼은 아니다'의 의미로, 비교급 의미를 강조한다.
- pity는 '불쌍히 여기다'라는 뜻의 동사이며, be pitied는 '불쌍히 여겨지다'라는 수동표현이다.
- to be pitied는 '앞으로 불쌍히 여겨져야 할'의 뜻으로, 부정사 to에는 '미래적 의미'가 포함되어 있다.
- so much A as B는 'B만큼 그렇게 A한'의 의미로, 정도의 강조를 나타낸다.
- 따라서 no one else is so much to be pitied as A는 '그 누구도 A만큼 불쌍히 여겨져야 할 사람은 없다' 즉, 'A가 가장 불쌍하다'라는 의미를 갖는다.

Don't enter a career unless you want to do it!

Don't feel compelled to enter a business or trade just because your family wants you to do it! Don't enter a career unless you want to do it! However, consider carefully the advice of your parents. But, in the last analysis, you are the one who has to make the final decision. You are the one who is going to be either happy or miserable at your work.

*feel compelled to 억지로 ~을 하다 *trade 직업(기술직, 전문직) *unless ~이 아니면
*in the last analysis 최종적으로는 *miserable 비참한, 불행한

원하지 않는 일이라면 시작하지 마라.

가족이 원한다고 해서 억지로 사업이나 직업에 뛰어들지 마라! 스스로 원하지 않는다면 그 일을 시작하지 마라. 하지만 부모님의 조언은 신중하게 고려하라. 그러나 결국 최종 결정을 내려야 할 사람은 바로 당신 자신이다. 그 일에서 행복해지거나 불행해질 사람도 바로 당신 자신이다.

Word Focus

| consider의 정확한 의미 |

- 어원은 con-(=together)+sider(=star) 즉, '별들을 함께 바라보다'라는 뜻을 갖는다.
- 고대에는 별의 움직임을 관찰하며 길흉을 점쳤기 때문에 '어떤 일을 주의 깊게 관찰하고 깊이 있게 생각하다'의 의미로 발전했다.
- 지금은 '숙고하다', '고려하다', '신중히 생각하다'의 뜻으로 쓰인다.

88

소리 내어 읽고 마음으로 느끼며 적어보세요.

Grammar Sense

| Don't feel compelled와 Don't be compelled의 차이 |

- feel compelled는 '스스로 압박감을 느끼다'의 의미로, 주어의 내면적 감정 표현이다.
- be compelled는 '누군가에 의해 강요당하다'의 수동적 의미로, 외부의 힘이 개입된 경우를 나타낸다.
- 본문에서는 가족이 실제로 강요한 것이 아니라, 가족이 원하니까 나도 그래야 할 것 같다는 심리적 부담감과 내면적 압박을 표현하고 있다. 따라서 feel compelled가 사용된 것이다.

Get over the mistaken belief.

Get over the mistaken belief that you are fitted for only a single occupation! Every normal person can succeed at a number of occupations, and every normal person would probably fail in many occupations.

*get over 극복하다, 벗어나다 *mistaken belief 잘못된 믿음, 착각 *be fitted for ~에 적합하다
*occupation 직업 *a number of 여러가지 *normal person 보통 사람

착각에서 벗어나라.

한 가지 직업에만 어울린다는 착각에서 벗어나라! 보통사람이라면 누구나 여러 가지 일에서 성공할 수 있다. 동시에 많은 일에서 실패할 수도 있다.

Word Focus

| get over의 정확한 의미 |

- 동사 get은 '도달하다'의 의미이고, 부사 over는 '~을 넘어'의 의미이므로 get over는 '~을 넘어 도달하다'의 기본 뜻을 가진다.
- 실제로는 '감정적, 정신적 어려움을 극복하다', 또는 '어떤 일에서 벗어나다'의 의미로 쓰인다.

89

소리 내어 읽고 마음으로 느끼며 적어보세요.

Grammar Sense

| 과거분사의 역할: mistaken belief, be fitted for |

- mistaken은 '잘못된', '오해한'의 의미를 가진 과거분사로, 명사 belief를 수식하여 '잘못된 믿음'이라는 의미를 만드는 수식적 용법으로 쓰였다.
- fitted는 '맞춰진', '적합하게 된'의 의미를 가진 과거분사로, be fitted의 형태로 수동태를 이루며 주어의 상태를 설명하는 서술적(보어) 용법으로 쓰였다.

More money is not the answer.

More money is not the answer to most people's financial worries. In fact, I have often seen it happen that an increase in income accomplished nothing but an increase in spending—and an increase in headaches. What causes most people to worry is not that they haven't enough money, but that they don't know how to spend the money they have.

*financial worries 재정적 걱정 *increase 증가 *accomplish 이루다, 달성하다
*nothing but 오직 ~뿐인

더 많은 돈이 해답은 아니다.

대부분의 사람들에게 재정적인 걱정을 해결해 줄 답은 '더 많은 돈'이 아니다. 실제로 나는 자주 이런 경우를 보았다. 수입이 늘어나도 그 결과는 지출의 증가와 두통의 증가일 뿐이었다. 대부분의 사람들이 걱정하는 진짜 이유는 돈이 부족해서가 아니라, 지금 가진 돈을 어떻게 써야 할지를 모르기 때문이다.

Word Focus

| cause의 정확한 의미 |

- 어원적으로는 '무엇인가를 일어나게 하는 원인'을 뜻한다.
- 행동 자체보다는 결과를 만들어 내는 힘이나 원인에 초점이 있다.
- 동사로 쓰일 때는 '결과를 초래하다', '어떤 일의 원인이 되다'의 의미를 갖는다.
- cause A to B의 형태로 쓰이면 'A가 B하게 하다'의 의미가 된다.

90

소리 내어 읽고 마음으로 느끼며 적어보세요.

Grammar Sense

| 지각동사 see 뒤에 목적보어의 형태: seen it happen |

- 목적보어로 동사원형이 오는 경우는 목적어의 행위 전체를 본다는 의미이다.
- 목적보어로 현재분사가 오는 경우는 목적어가 지금 하고 있는 행위의 한 부분을 보고 있다는 의미이다.
- 목적보어로 과거분사가 오는 경우는 목적어가 어떤 일을 당하거나 이미 끝난 상태를 본다는 의미이다.

Part 16

Thoughts on Money, Security, and Self-Care

How to avoid debt and financial worries.

If we long to avoid debt and financial worries, then we have to do what a business firm does: we have to have a plan for spending our money and spend according to that plan. But most of us don't do that.

*long to ~하기를 간절히 바라다 *business firm 기업 *according to ~에 따라
*most of us 우리 대부분

빚과 경제적 불안을 피하는 방법

만약 우리가 빚과 경제적 불안을 피하고 싶다면, 기업이 하는 것처럼 해야 한다. 즉, 우리는 돈을 어떻게 쓸지에 대한 계획을 세우고, 그 계획에 따라 써야 한다. 그러나 우리 대부분은 그렇게 하지 않는다.

Word Focus

| spend의 정확한 의미 |

- 어원적으로는 '무게를 달다(to weigh)', '값을 치르다(to pay)'의 뜻에서 나왔다. 따라서 '대가를 지불하다'의 의미를 갖는다.
- 단순히 돈을 쓰는 것이 아니라, '자신이 가진 자원(resources)를 내어놓고 어떤 결과를 얻는 행위'를 의미한다.
- 그래서 문맥에 따라 '돈을 쓰다', '시간을 보내다', '에너지를 소모하다'의 뜻으로 확장된다.

91

소리 내어 읽고 마음으로 느끼며 적어보세요.

Grammar Sense

| 목적어로 부정사를 취하는 동사 long: long to avoid debt |

- 동사 long의 의미는 '간절히 바라다'이며, 미래에 일어날 일을 바라는 마음을 나타낸다.
- to 부정사는 '앞으로 일어날 일'을 나타낼 때 사용한다.
- 따라서 long의 목적어로는 to부정사가 오는 것이 적절하다.
- 반면, 동명사는 '이미 일어난 경험이나 현재 진행 중인 행위'를 가리키므로 long의 목적어로는 쓸 수 없다.

How to draw up a budget.

We will have to get notebooks and start keeping records. Experts on budgets recommend that we keep an accurate account of every nickel we spend for at least the first month—and, if possible, for three months. This is to give us an accurate record of where our money goes, so we can draw up a budget.

*keep records 계속 기록하다 *accurate 정확한 *account 기록, 내역, 회계장부
*every nickel 아주 적은 돈까지 *draw up 작성하다, 마련하다

예산을 세우는 방법

우리는 노트를 준비해서 꾸준히 기록하기 시작해야 한다. 예산 전문가들은 최소한 첫 한 달 동안, 가능하다면 석 달 동안, 우리가 쓰는 5센트 한 푼까지도 정확히 기록하라고 권한다. 이렇게 하는 목적은 돈이 어디로 흘러가는지를 정확히 파악하여, 예산을 세우기 위함이다.

Word Focus

| account의 정확한 의미 |

- 어원적으로는 '계산하다(to compute)'에서 나왔다. 여기에서 확장되어 '셈하다', '결과를 설명하다'의 의미를 갖게 되었다.
- 명사로 쓰일 때는 '원인과 결과를 계산하거나 설명한 기록'을 기본 개념으로 한다.
- 그래서 문맥에 따라 '장부', '계좌', '기록', '보고서', '설명', '진술' 등의 의미로 쓰인다.

92

소리 내어 읽고 마음으로 느끼며 적어보세요.

Grammar Sense

| start keeping records와 start to keep records의 차이 |

- 동명사를 목적어로 받는 start keeping records는 행위가 실제로 실행되기 시작했음을 나타낸다. 따라서 '기록하기 시작하다', 즉 '기록을 실제로 하게 되다'의 의미이다.
- to 부정사를 목적어로 받는 start to keep records는 행위를 하겠다는 의도나 결심의 시작을 말한다. 따라서 '기록하겠다고 마음먹기 시작하다'의 의미이다.

Get a sense of material security.

The idea of a budget is not to wring all the joy out of life. The idea is to give us a sense of material security, which in many cases means emotional security and freedom from worry. People who live on budgets are happier people.

* idea 기본 개념, 본질적인 목적 * wring 억지로 짜내 없애다 * material security 물질적 안정
* emotional security 심리적 안정 * live on budgets 예산에 맞춰 살다

물질적 안정감을 갖자.

예산의 목적은 삶의 모든 즐거움을 짜내 없애자는 게 아니다. 그 목적은 우리에게 물질적 안정감을 주는 데 있다. 그 물질적 안정감은 많은 경우, 심리적 안정과 걱정으로부터의 해방을 의미한다. 예산에 맞춰 사는 사람들은 더 행복한 사람들이다.

Word Focus

| security의 정확한 의미 |

- 어원적으로는 se-(=without)+cure(=care)에서 유래하여, '걱정이 없는 상태', '마음이 편안한 상태'를 의미한다.
- 여기에서 발전하여 '위험으로부터 보호된 상태', '심리적 평안'의 뜻을 갖게 되었다.
- 따라서 문맥에 따라 '위험이 없는 상태', '경제적 불안이 없는 상태', '마음이 편안한 상태'로 해석된다.

93

소리 내어 읽고 마음으로 느끼며 적어보세요.

Grammar Sense

| which 앞에 콤마(,)가 있는 경우와 없는 경우의 차이 |

- 본문처럼 콤마가 있는 경우는, 앞의 명사를 보충하거나 부연 설명하기 위한 것이다. 이는 추가정보를 제공하는 역할을 하므로 which 절이 전체 문장 구성에 반드시 필요한 요소는 아니다.
- 반대로 콤마가 없는 경우는, 앞의 명사를 한정하여 설명하기 위한 것이다. 이는 필수 정보에 해당하므로, which 절이 없으면 문장의 의미가 불완전해진다. 따라서 전체 문장 구성에 반드시 필요한 요소이다.

When budgeting doesn't work.

If after you budget your expenses wisely you still find that you don't have enough to make ends meet, you can then do one of two things: you can either scold, fret, worry, and complain, or you can plan to make a little additional money on the side.

*budget 예산을 세우다 *expenses 지출, 생활비 *make ends meet 간신히 생계를 유지하다
*scold 불평하다, 자책하다 *fret 안달하다 *additional money 부수입 *on the side 부업으로, 겸해서

예산을 세워도 효과가 없을 때

지출 예산을 아무리 현명하게 세웠더라도 여전히 생계유지가 쉽지 않다면, 두 가지 중 하나를 선택할 수 있다. 자책하고 초조해 하며, 걱정하고 불평하던지, 아니면 부업을 통해 약간의 추가 수입을 올릴 계획을 세우는 것이다.

Word Focus

| scold와 complain의 의미 차이 |

- 둘 다 '불평하다'의 의미로 쓰일 수 있다.
- scold는 타인이나 자기 자신을 향해 감정적으로 불평하거나 꾸짖는 것을 말한다.
- complain은 상황이나 환경, 조건 등에 대해 불만을 표현하는 것을 의미한다.

94

소리 내어 읽고 마음으로 느끼며 적어보세요.

Grammar Sense

| 관용표현 속 사역동사 make: make ends meet |

- 원형은 make both ends meet이며, '양쪽 끝이 서로 닿게 하다'라는 물리적 이미지에서 출발했다.
- ends는 수입과 지출이라는 경제의 양 끝을 의미한다. 즉, 돈이 들어오는 쪽과 나가는 쪽을 각각의 끝으로 본 것이다.
- 사역동사 make는 '노력하여 어떤 상태를 이루게 하다'의 의미로 쓰였다. 따라서, make ends meet는 '수입과 지출을 억지로라도 맞춰서 버텨내다'라는 뜻이 된다.
- 결국, make ends meet의 의미는 사역동사 make가 만들어 내는 '의도적 조정과 노력의 뉘앙스'에 의해 완성된다.

Let's be good to ourselves.

If we can't have all we want, let's not poison our days and sour our dispositions with worry and resentment. Let's be good to ourselves. Let's try to be philosophical about it. If what you have seems insufficient to you, you will be miserable even if you possess the whole world.

*poison 해롭게 만들다 *sour 부정적으로 바꾸다 *disposition 성질, 마음가짐
*philosophical 철학적인, 이성적인 *insufficient 불충분한, 부족한

자신에게 너그러워지자.

우리가 바라는 모든 것을 다 가질 수 없더라도, 우리의 하루하루가 걱정과 원망으로 물들게 하지 말고, 우리의 기질 자체가 부정적으로 변하게 두지 말자. 우리 자신에게 조금 더 너그러워지자. 그런 현실도 담담히 받아들이자. 내가 가진 것이 평소에 늘 불충분한 것처럼 느껴진다면, 설령 세상을 다 소유한다 해도 우리는 여전히 불행할 것이다.

Word Focus

| disposition의 정확한 의미: attitude와 비교 |

- 어원적으로는 '마음이 일정한 방식으로 정리되어 있는 상태'를 의미한다.
- 그래서 '마음의 기본 성향', '타고난 기질', '마음의 상태'를 뜻한다.
- attitude 역시 disposition과 마찬가지로 '마음의 방향성'을 나타낸다.
- 그러나 disposition은 성향이나 기질이 본질적으로 자리잡아 오랫동안 지속되는 반면, attitude는 상황에 따라 변할 수 있는 순간적 태도를 가리킨다.
- 따라서 attitude는 순간적인 변화가 가능한 '심적 태도', '자세', '관점' 등의 의미를 갖는다.
- 즉, disposition은 '우리가 어떤 사람인가', attitude는 '지금 우리는 어떤 상태인가'를 말한다.

95

소리 내어 읽고 마음으로 느끼며 적어보세요.

Grammar Sense

| seems insufficient와 seems to be insufficient의 차이 |

- seems insufficient는 '불충분해 보이다'의 의미이며, seems to be insufficient는 '불충분한 상태인 것처럼 보이다'의 의미이다.
- seems insufficient는 '느껴지는 인상'에 초점을 두는 반면, seems to be insufficient는 '상태나 사실'에 초점을 둔다.
- seems insufficient는 구어적이고 감정적인 느낌이며, seems to be insufficient는 문어적이고 분석적이며 객관적인 느낌을 준다.